数字化转型 架构与方法

Digital Transformation Architecture and Methodology

周 剑 陈 杰 著
金 菊 邱君降 张 迪 赵剑男

清华大学出版社
北京

内容简介

加速数字化转型,已经成为新时期组织生存和发展的必然选择。针对组织推进数字化转型过程中普遍面临的战略不明确、路径不清晰、过程方法缺失、价值难获取等共性问题和挑战,本书系统提出了数字化转型的体系架构和方法机制,引导组织以架构方法为牵引,以价值效益为导向,以新型能力建设为主线,充分激发数据要素创新驱动潜能,系统性推动转型变革,稳定获取预期成效,加速迈入发展新阶段。

本书可为相关政策制定、理论研究、标准研制、企业应用、市场服务等提供参考,为各方协同推进数字化转型、加速产业升级和高质量发展提供架构与方法支持。

版权所有,侵权必究。举报:010-62782989,beiqinquan@tup.tsinghua.edu.cn。

图书在版编目(CIP)数据

数字化转型:架构与方法 / 周剑等著. — 北京:清华大学出版社,2020.9(2024.1重印)
ISBN 978-7-302-56511-6

Ⅰ.①数⋯ Ⅱ.①周⋯ Ⅲ.①企业管理—数字化—研究 Ⅳ.①F272.7

中国版本图书馆CIP数据核字(2020)第181840号

责任编辑:刘 杨 冯 昕
封面设计:何凤霞
责任校对:王淑云
责任印制:杨 艳

出版发行:清华大学出版社
  网   址:https://www.tup.com.cn,https://www.wqxuetang.com
  地   址:北京清华大学学研大厦A座   邮   编:100084
  社 总 机:010-83470000   邮   购:010-62786544
  投稿与读者服务:010-62776969, c-service@tup.tsinghua.edu.cn
  质量反馈:010-62772015, zhiliang@tup.tsinghua.edu.cn
印 装 者:天津鑫丰华印务有限公司
经   销:全国新华书店
开   本:140mm×203mm   印   张:4.375   字   数:80千字
版   次:2020年9月第1版   印   次:2024年1月第7次印刷
定   价:39.00元

产品编号:090802-01

研究团队介绍

本书由北京国信数字化转型技术研究院数字化转型研究组研制。

组　长：周　剑
副组长：陈　杰
成　员：金　菊　邱君降　张　迪　赵剑男　王　晴　贾进波

特别鸣谢

感谢以下专家在本书研制过程中提供宝贵的意见和建议（按姓氏拼音排序）：

安筱鹏	阿里研究院副院长
车海平	华为公司高级副总裁，数字转型首席战略官
陈　明	同济大学工业4.0学习工厂实验室主任，博士生导师
蒋明炜	北京机械工业自动化研究所软件事业部首席专家，研究员
李　红	中国中钢集团有限公司信息管理中心总经理，正高级经济师
李　清	清华大学教授，自动化系副主任
刘九如	电子工业出版社总编辑兼华信研究院院长
刘增进	中国航空工业集团有限公司科技发展部信息化办公室主任
苗建军	中国航空综合技术研究所副总工程师
闪四清	北京航空航天大学教授，信息系统系主任
孙惠民	思爱普（中国）有限公司首席数字化转型专家
王安耕	国家信息化专家咨询委员会委员，中信集团原总工程师
王叶忠	金蝶集团数字化转型事业部高级总监
张文彬	中国企业联合会企业创新工作部副主任
张新红	国家信息中心首席信息师

前　言

新一轮科技革命和产业变革迅猛发展，世界正处在一个从工业时代向信息时代加速转型的大变革时代。全球物质经济发展已经从增量阶段进入存量阶段，资源、能源和环境的刚性约束日益增强，只有深入推进信息技术和实体经济深度融合，全面加速数字化转型，促进以物质生产、物质服务为主的经济发展模式向以信息生产、信息服务为主的经济发展模式转变，大力发展数字经济，才能改造提升传统动能，培育发展新动能，开辟全球更加广阔的新发展空间。

新一代信息技术作为引发当今科技革命和产业变革的先导技术，其与实体经济深度融合的核心要义在于引领生产力和生产关系发生深刻变革，数字生产力、价值共创共享生态关系成为变革新趋势，日益显现出强大的增长动力。进入互联网时代，基于信息技术赋能作用获取多样化发展效率的范围经济，正在加速取代基于工业技术专业分工取得规模化发展效率的规模经济，成为产业组织的主导逻辑。

前言

物质经济具有典型的规模经济效应,而数字经济具有典型的范围经济效应。数字化转型的核心要义是要将基于工业技术专业分工取得规模化效率的发展模式逐步转变为基于信息技术赋能作用获取多样化效率的发展模式。

开展数字化转型,应系统把握如下四个方面:

一是数字化转型是信息技术引发的系统性变革。以物质经济为代表的规模经济,其典型的发展模式是围绕特定物质产品形成稳定业务体系,获取规模化效应。以数字经济为代表的范围经济,正在成为产业组织的主导逻辑。区别于物质经济时代,强调基于工业技术专业分工发挥其规模化发展效率,数字经济时代则更加关注发挥信息技术作为通用使能技术的赋能作用,打破工业技术专业壁垒,提升供给侧能力,形成轻量化、协同化、社会化的业务服务新模式,动态响应用户个性化需求,从而获取多样化发展效率,实现创新驱动、高质量发展,开辟新的经济增长空间。信息技术作为通用使能技术,不仅代表着一类新兴技术,催生一个个快速增长的新兴产业,关键是能够加速推动"硬件"日益标准化和"软件"日益个性化,引发传统创新体系、生产方式、产业结构等发生系统性重构。信息技术引发新一轮技术体系创新和生产力变革,进一步引领组织管理创新和生产关系变革,数字化转型的过程就是技术创新与管理创新协调互动,生产力变革与生产关系变革相辅相成,实现螺旋式上升、可持续迭代优化的体系性创新和全面变革过程。

二是数字化转型的根本任务是价值体系重构。组织（企业）是一个创造、传递、支持和获取价值的系统，每一项数字化转型活动都应围绕价值效益展开，数字化转型在根本上是要推动其价值体系优化、创新和重构，不断创造新价值，打造新动能。对于以组织（企业）为基本单元的其他经济活动，这一点也同样适用，其价值体系没有得到优化、创新和重构，不能称之为成功转型。当前，数字生产力的飞速发展不仅引发了生产方式的转变，也深刻改变了组织（企业）的业务体系和价值模式。传统的价值体系是基于技术壁垒构筑起来的纵向封闭式体系，数字经济时代的价值体系则是基于新型能力共建、共创、共享形成的开放价值生态。在应用（新一代）信息技术改造提升存量业务，实现效率提升、成本降低、质量提高等价值效益的基础上，基于新一代信息技术赋能作用的延伸业务和增值服务快速发展，随着数字经济生态的不断完善，业态转变将加速兴起，迈入数字业务蓬勃发展的开放价值生态建设新时期。数字化转型的体系架构和方法机制应始终以价值为导向，通过周期性明确价值新主张，提升价值创造、价值传递的能力，转变价值获取方式，创新价值支持、价值保障支撑体系，稳定获取转型成效。

三是数字化转型的核心路径是新型能力建设。数字化转型过程就是一个系统性创新的过程，应对转型和创新引发的

前言

高度不确定性，相关方最迫切需要提升的是应对挑战、抢抓机遇的新型能力。而优化、创新和重构价值体系的核心路径也在于构建和不断完善数字经济时代的新型能力体系，打造开放式赋能平台，向下支持组织（企业）内外部资源按需配置，向上支持以用户体验为中心的业务服务轻量化、协同化、社会化发展和按需供给。数字经济时代的新型能力就是数字化生存和发展能力，就是为适应快速变化的环境，深化应用新一代信息技术，建立、提升、整合、重构组织的内外部能力，赋能业务加速创新转型，构建竞争合作新优势，改造提升传统动能，形成新动能，不断创造新价值，实现新发展的能力。未来是数字经济、范围经济的时代，基于信息技术赋能作用获取多样化发展效率是其基本规律，只有顺应这一规律，依据价值效益需求共创、共建、共享新型能力，加速新型能力的模块化、数字化、网络化和生态化，才能应对日益个性化、动态化、协同化的市场需求，从而有力支持数字化转型价值效益要求的贯彻落实和目标的有效实现。基于"数据+算力+算法"以及"大数据+知识图谱"，知识技能的模块化、数字化和平台化迅猛发展，新型能力建设与赋能赋智的价值潜能日益显现。按照价值体系优化、创新和重构的要求，新型能力建设应贯穿数字化转型全过程，全方位牵引数字化转型的相关活动。新型能力的建设应强调其体系性，涵盖与价值创造的载体、过程、对象、合作伙伴、主体以及关键驱动要素等有关的能力。新型能力的建设还应强调其系统性和全局性，形成涵盖策划，支持、实施与运行，评测，改进的过程管控机制，涵盖数据、技术、流程、组织等四要素的系统性解决方案，涵盖数字化治理、组织机制、管理方式和组织文化等的治理体系。

四是数字化转型的关键驱动要素是数据。数据是继土地、劳动力、资本、技术之后的第五大生产要素，其核心关键作用首先是作为一种信息沟通的媒介，通过数字化转型推动基于数据的信息透明和对称，可提升组织（企业）综合集成水平，提高社会资源的综合配置效率。其次，随着区块链等技术的发展，数据也已成为一种新的信用媒介，通过数字化转型推动基于数据的价值在线交换，可提升数字组织（企业）价值创造能力，提高社会资源的综合利用水平。再次，用数据科学重新定义生产机理，数据还将成为知识经验和技能的新载体，以数据模型承载知识技能，通过模块化、数字化封装和平台化部署，支持社会化按需共享和利用，赋能新技术、新产品、新模式、新业态蓬勃发展。通过数字化转型推动基于数据模型的知识共享和技能赋能，可提升生态组织开放合作与协同创新能力，提高社会资源的综合开发潜能。当前，大部分组织（企业）尚未或仍处于通过发挥数据作为信息沟通媒介的作用，实现内部业务集成融合，提升资源配置效率的发展阶段，少数领先组织（企业）在较好实现数据作为信息

前言

沟通媒介作用的基础上,正在积极探索通过发挥数据作为信用媒介以及知识经验和技能载体的作用,实现组织内外部资源、能力和业务的网络化、智能化共建、共创、共享,从而大幅提升协同创新和价值创造水平。

为支持相关各方更加系统化、体系化、全局化推进数字化转型这一复杂巨系统工程,北京国信数字化转型技术研究院联合中关村信息技术和实体经济融合发展联盟(简称中信联)研制推出《数字化转型 架构与方法》。本书共分三篇,分别为"数字化转型 参考架构""数字化转型 价值效益参考模型"和"数字化转型 新型能力体系建设指南",其中:

> "**数字化转型 参考架构**"从全局层面阐述数字化转型的体系架构,针对数字化转型"做什么""怎么做"和"路线图"等问题,按照价值体系优化、创新和重构的要求提出数字化转型的主要视角,以新型能力建设为主线提出数字化转型的过程方法,围绕数据要素驱动作用的逐步发挥提出数字化转型的发展阶段要求,分别明确数字化转型的任务体系、方法体系和路径体系。

> "**数字化转型 价值效益参考模型**"聚焦价值体系优化、创新和重构这一数字化转型根本任务,针对数字化转型的价值效益"有哪些""怎么创造和传递"及"怎么获取"等问题,给出价值效益分类体系、基于

能力单元的价值创造和传递体系，以及基于新型能力的价值获取体系等参考模型，系统阐释以价值效益为导向，将价值效益要求贯穿数字化转型全过程的方法机制。

> "数字化转型　新型能力体系建设指南"聚焦新型能力建设这一数字化转型的核心路径，给出新型能力的识别、新型能力的分解与组合、能力单元建设、新型能力分级建设等内容，系统阐释新型能力体系建设的主要方法。

本书可为从事数字化转型相关领域政策制定、理论研究、标准研制、企业应用、市场服务等工作的各界人士提供参考，为各方协同推进数字化转型，加速产业转型升级和高质量发展提供架构与方法支持。由于时间和水平有限，错误和疏漏之处在所难免，恳请读者批评指正。

作者

2020 年 9 月

目 录

第一篇 数字化转型 参考架构 / 1

第一章 总体框架 / 3
一、主要视角 / 5
二、过程方法 / 6
三、发展阶段 / 8

第二章 主要视角 / 12
一、发展战略 / 12
二、新型能力 / 14
三、系统性解决方案 / 19
四、治理体系 / 21
五、业务创新转型 / 24

第三章 过程方法 / 28
一、发展战略过程联动方法 / 28
二、新型能力过程联动方法 / 31
三、系统性解决方案（要素）过程联动方法 / 34
四、治理体系过程联动方法 / 36
五、业务创新转型过程联动方法 / 38

目录

第四章　发展阶段 / 41

一、初始级发展阶段 / 41

二、单元级发展阶段 / 42

三、流程级发展阶段 / 43

四、网络级发展阶段 / 45

五、生态级发展阶段 / 47

第二篇　数字化转型　价值效益参考模型 / 49

第五章　总体框架 / 51

第六章　价值效益分类体系 / 54

一、生产运营优化 / 55

二、产品/服务创新 / 56

三、业态转变 / 58

第七章　基于能力单元的价值创造和传递体系 / 60

一、基于能力单元的价值创造和传递体系构建过程 / 61

二、基于能力分解实现价值分解的主要视角 / 62

三、支持能力打造和价值创造的能力单元 / 63

四、支持能力共享和价值传递的能力单元组合范式 / 66

第八章　基于新型能力的价值获取体系 / 68

一、基于能力节点的价值点复用模式 / 69

二、基于能力流的价值链整合模式 / 70

三、基于能力网络的价值网络多样化创新模式 / 70

四、基于能力生态的价值生态开放共创模式 / 70

第三篇　数字化转型　新型能力体系建设指南 / 71

第九章　总体框架 / 73

目录

第十章　新型能力的识别 / 76
一、与价值创造的载体有关的能力 / 76
二、与价值创造的过程有关的能力 / 77
三、与价值创造对象有关的能力 / 77
四、与价值创造的合作伙伴有关的能力 / 78
五、与价值创造的主体有关的能力 / 79
六、与价值创造的驱动要素有关的能力 / 79

第十一章　新型能力的分解与组合 / 81
一、新型能力分解与组合的过程 / 81
二、基于能力单元组合的新型能力协同范式 / 83
三、基于能力单元组合的能力进化 / 85

第十二章　能力单元的建设 / 88
一、过程维建设重点 / 88
二、要素维建设重点 / 91
三、管理维建设重点 / 94

第十三章　新型能力的分级建设 / 98
一、CL1（初始级）能力建设重点 / 99
二、CL2（单元级）能力建设重点 / 100
三、CL3（流程级）能力建设重点 / 105
四、CL4（网络级）能力建设重点 / 112
五、CL5（生态级）能力建设重点 / 118

第一篇

数字化转型　参考架构

按照价值体系优化、创新和重构的要求提出数字化转型的主要视角，以新型能力建设为主线提出数字化转型的过程方法，围绕数据要素驱动作用的逐步发挥提出数字化转型的发展阶段要求，构建一套数字化转型参考架构，支持相关各方更加系统化、体系化、全局化推进数字化转型这一复杂巨系统工程。

第一章 总体框架

数字化转型参考架构的总体框架（如图 1 所示），主要针对"做什么""怎么做"和"路线图"，提出了数字化转型的主要视角、过程方法和发展阶段，系统阐释了数字化转型的主要任务、过程联动方法和分步实施要求。其中：

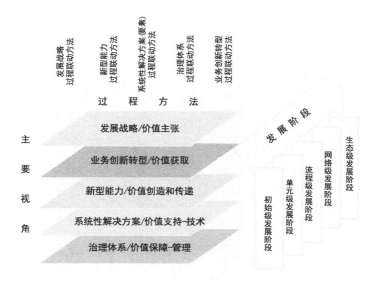

图 1　数字化转型参考架构的总体框架

主要视角给出数字化转型的任务体系，包括发展战略、新

第一篇　数字化转型　参考架构

型能力、系统性解决方案、治理体系和业务创新转型五个视角，明确数字化转型的主要任务，并给出任务间的关联关系。

过程方法提出数字化转型的方法体系，针对数字化转型的五个视角，分别给出其对应的过程联动方法，并构建相关方法之间的相互作用关系。

发展阶段明确数字化转型的路径体系，将数字化转型分为初始级发展阶段、单元级发展阶段、流程级发展阶段、网络级发展阶段、生态级发展阶段等五个发展阶段，并分别明确数字化转型五个视角在不同发展阶段的主要实施要求。

主要视角、过程方法和发展阶段的主要内容如图 2 所示。

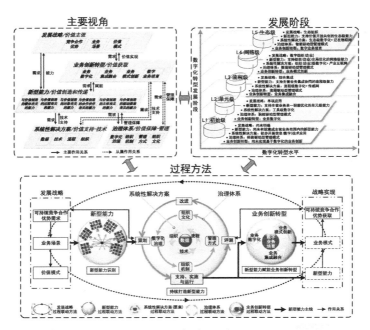

图 2　数字化转型参考架构的主要内容

第一章 总体框架

一、主要视角

价值体系优化、创新和重构是数字化转型的根本任务，发展战略、新型能力、系统性解决方案、治理体系、业务创新转型等五个视角均应服务于价值体系优化、创新和重构，并由此构建系统化、体系化的关联关系，以系统有序推进数字化转型，创新价值创造、传递、支持、获取的路径和模式，如图3所示。

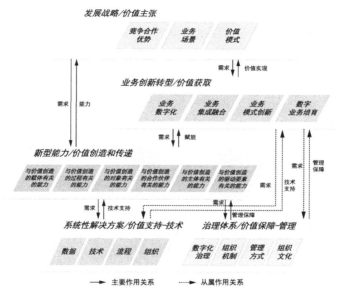

图3 以价值体系优化、创新和重构为根本任务的五个视角及其关联关系

（一）发展战略提出价值主张

根据数字化转型的新形势、新趋势和新要求，发展战略

视角提出新的价值主张。

（二）新型能力支持价值创造和价值传递

根据价值主张新要求，新型能力视角打造支持价值创造和传递的新型能力（体系）。

（三）系统性解决方案提供价值支持

系统性解决方案视角创新价值支持的要素实现体系，形成支持新型能力打造、推动业务创新转型的系统性解决方案。

（四）治理体系提供价值保障

治理体系视角变革价值保障的治理机制和管理模式，构建支持新型能力打造、推动业务创新转型的治理体系。

（五）业务创新转型实现价值获取

根据价值主张新要求，基于打造的新型能力（体系）、形成的系统性解决方案和构建的治理体系，业务创新转型视角形成支持最终价值获取的业务新模式和新业态。

二、过程方法

新型能力建设是数字化转型的核心路径，组织应按照价值体系优化、创新和重构的要求，识别和打造新型能力（体系），将新型能力建设贯穿数字化转型全过程，以新型能力建设全方位牵引转型活动，并系统化、体系化建立相关过程联动方法之间的相互作用关系，如图4所示。

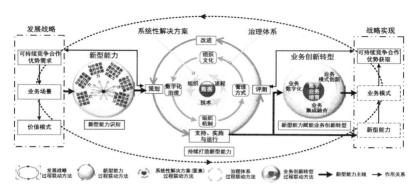

图4　以新型能力建设为核心路径的过程方法体系

（1）针对**发展战略视角**，充分考虑影响转型的内外部因素和环境变化，开展可持续竞争合作优势分析，根据可持续竞争合作优势策划业务架构和业务场景，并进一步策划价值创造和价值分享模式，提出价值优化、创新和重构的主张。在此基础上识别和打造所需要的新型能力（体系），持续赋能业务创新转型。通过所打造的新型能力和所确立的业务模式，进一步获取可持续竞争合作优势，实现战略落地。最后，反馈战略实现的情况，作为下一轮可持续竞争合作优势分析的输入，从而构建形成迭代优化循环的战略柔性管控机制。

（2）针对**新型能力视角**，按照价值体系优化、创新和重构的主张，参考新型能力的主要视角，识别所需打造的新型能力（体系），构建涵盖策划，支持、实施与运行，评测，改进的 PDCA 循环，持续打造新型能力。新型能力打造的过程就是价值创造的过程，也是创新价值支持的系统性解决方案和变革价值保障的治理体系实施过程。以统一的 PDCA 循环为纽带，推动系统性解决方案和治理体系各自迭代优化循环，并不断加强二者相互协调融合。

（3）针对**系统性解决方案视角**，按照新型能力建设的要求，发挥数据创新驱动作用，建立涵盖数据、技术、流程和组织等四要素的系统性解决方案迭代优化循环，形成系统性解决方案（要素）过程联动方法，实现四要素互动创新和持续优化，为持续打造新型能力和持续推进业务创新转型提供技术支持。

（4）针对**治理体系视角**，按照新型能力建设的要求，建立涵盖数字化治理、组织机制、管理方式、组织文化的治理机制和管理模式迭代优化循环，形成治理体系过程联动方法，为持续打造新型能力和持续推进业务创新转型提供管理保障。

（5）针对**业务创新转型视角**，构建基于新型能力赋能的业务创新体系，以培育发展数字业务为引领，螺旋式推动业务数字化、业务集成融合和业务模式创新，建立持续推进业务创新转型迭代优化循环的过程联动方法。

三、发展阶段

数据是数字化转型的关键驱动要素，不同发展阶段组织在获取、开发和利用数据方面，总体呈现出由局部到全局、由内到外、由浅到深、由封闭到开放的趋势和特征，如图5所示。

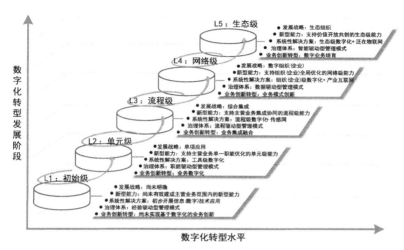

图5 以数据为关键驱动要素的数字化转型发展阶段要求

（一）初始级发展阶段

初步应用信息（数字）技术开展单一职能范围内数据的获取、开发和利用，但尚未有效支持和优化主营业务范围内的生产经营管理活动。

（二）单元级发展阶段

主要应用（新一代）信息技术实现主营业务单元（部门）数据的获取、开发和利用，发挥数据作为信息沟通媒介的作用，解决单元级信息透明问题,提升业务单元的资源配置效率。

(三) 流程级发展阶段

主要基于主营业务流程数据的获取、开发和利用,发挥数据作为信息沟通媒介的作用,解决跨部门、跨业务环节的流程级信息透明问题,提升业务流程的集成融合水平和资源配置效率。有条件的组织开始探索发挥数据作为信用媒介的作用,开展基于数据的价值在线交换,提高资源的综合利用水平。

(四) 网络级发展阶段

主要基于全组织(企业)数据的获取、开发和利用,发挥数据作为信息沟通媒介和信用媒介的作用,解决全组织(企业)信息透明问题,并基于数据实现价值网络化在线交换,提升价值网络化创造能力和全组织(企业)资源综合利用水平。有条件的组织开始探索用数据科学重新定义并封装生产机理,构建基于数据模型的网络化知识共享和技能赋能,提高组织创新能力和资源开发潜能。

(五) 生态级发展阶段

主要基于生态圈数据的智能获取、开发和利用,发挥数据作为信息沟通媒介和信用媒介的作用,解决生态圈信息透明问题,并基于数据实现价值智能化在线交换,提升生态圈价值智能化创造能力和资源综合利用水平。与此同时,生态级组织还将用数据科学重新定义并封装生产机理,实现基于数据模型的生态圈知识共享和技能赋能,提升生态圈开放合作与协同创新能力,提高生态圈资源的综合开发潜能。

第二章　主要视角

数字化转型是一项系统工程，围绕价值体系优化、创新和重构，参考架构给出在全局层面统筹布局和推进数字化转型的五项主要任务，引导组织加强顶层设计，系统性、体系性、全局性开展数字化转型规划设计和实施落地，稳定有效获取价值效益。

一、发展战略

开展数字化转型，首要任务就是要制定数字化转型战略，并将其作为发展战略的重要组成部分，把数据驱动的理念、方法和机制根植于发展战略全局。条件成熟的组织，数字化转型战略和发展战略可合二为一，融合一体。发展战略视角主要包括竞争合作优势、业务场景和价值模式等三个子视角。

（一）竞争合作优势

为适应快速变化和不确定的市场竞争合作环境，增强竞争合作优势的可持续性和战略柔性，组织应逐步从过去的仅关注竞争转向构建多重竞合关系，将竞争合作层次从单一技术产品的竞争合作升维到智能技术产品(服务)群的竞争合作，从资源要素的竞争合作升维到新型能力体系的竞争合作，从组织之间的竞争合作升维到供应链、产业链和生态圈之间的竞争合作。构建数字时代竞争合作优势应重点关注：

（1）**技术应用**，包括广泛、深入应用新一代信息技术、产业技术、管理技术并实现其融合创新应用，以形成新技术、新产品（服务）。

（2）**模式创新**，包括推动跨部门、跨组织（企业）、跨产业的组织管理模式、业务模式和商业模式等的创新变革，以形成支持创新驱动、高质量发展的新模式。

（3）**数据驱动**，包括将数据作为关键资源、资产以及将数据作为新型生产要素，改造提升传统业务，培育壮大数字新业务，以实现创新驱动和业态转变。

（二）业务场景

为形成支撑柔性战略的灵活业务，组织应打破传统的基于技术专业化职能分工形成的垂直业务体系，以用户日益动态和个性化的需求为牵引，构建基于能力赋能的新型业务架构，根据竞争合作优势和业务架构设计端到端的业务场景。业务场景设计主要包括：

（1）**目标**，主要包括各利益相关者的业务场景需求以及可度量、可实现的业务目标。

（2）**内容**，主要包括业务构成、业务过程以及面向各利益相关者的交付物。

（3）**资源**，主要包括实现业务场景所需的人、财、物、数据、技术等资源。

（三）价值模式

为最大化获取价值效益，组织应顺应新一代信息技术引发的变革趋势，改变传统工业化时期基于技术创新的长周期性获得稳定预期市场收益的价值模式，构建基于资源共享和能力赋能实现业务快速迭代和协同发展的开放价值生态。价值模式分析主要包括：

（1）**价值创造模式**，主要包括价值创造主体、主要价值活动及管理（合作）方式，以及价值创造和传递的过程和路径等。

（2）**价值分享模式**，主要包括价值度量方式、价值分配机制以及价值交换模式等内容。

二、新型能力

开展数字化转型，新型能力建设是贯穿始终的核心路径，通过识别和策划新型能力（体系），持续建设、运行和改进新型能力，支持业务按需调用能力，以快速响应市场需求变化，从而加速推进业务创新转型变革，获取可持续竞争合作优势。

新型能力视角包括与价值创造的载体有关的能力、与价值创造的过程有关的能力、与价值创造的对象有关的能力、与价值创造的合作伙伴有关的能力、与价值创造的主体有关的能力、与价值创造的驱动要素有关的能力等六个子视角，如图6所示。

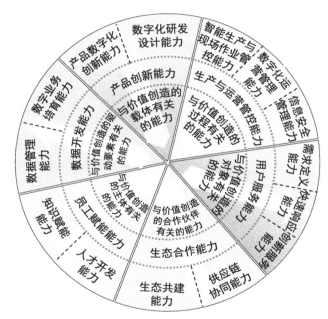

图6　新型能力的主要视角

（一）与价值创造的载体有关的能力

组织需打造与价值创造的载体有关的能力，主要包括产品创新能力等，加强产品和服务创新、产品研发过程创新，以不断提高产品附加价值，缩短价值变现周期等。产品创新细分能力主要包括：

（1）**产品数字化创新能力**，是指利用新一代信息技术加强产品创新，开发支持与用户交互的智能产品，提升支持服务体验升级的产品创新等能力。

（2）**数字化研发设计能力**，是指利用新一代信息技术强化产品研发过程创新，开展面向产品全生命周期的数字化设计与仿真优化等，提升并行、协同、自优化研发设计等能力。

（二）与价值创造的过程有关的能力

组织需打造与价值创造的过程有关的能力，主要包括生产与运营管控能力等，纵向贯通生产管理与现场作业活动，横向打通供应链/产业链各环节经营活动，不断提升信息安全管理水平，逐步实现全价值链、全要素资源的动态配置和全局优化，提高全要素生产率。生产与运营管控细分能力主要包括：

（1）**智能生产与现场作业管控能力**，是指实现生产全过程、作业现场全场景集成互联和精准管控，提升全面感知、实时分析、动态调整和自适应优化等能力。

（2）**数字化经营管理能力**，是指实现经营管理各项活动数据贯通和集成运作，提升数据驱动的一体化柔性运营管理和智能辅助决策等能力。

（3）**信息安全管理能力**，是指实现覆盖生产全过程、作业全场景、运营管理各项活动的信息安全动态监测和分级分类管理等，提升信息安全防护和主动防御等能力。

（三）与价值创造的对象有关的能力

组织需打造与价值创造的对象有关的能力，主要包括用户服务能力等，加强售前需求定义、售中快速响应和售后增值服务等全链条用户服务，最大化为用户创造价值，提高用户满意度和忠诚度。用户服务细分能力主要包括：

（1）**需求定义能力**，是指动态分析用户行为，基于用户画像开展个性化、场景化的用户需求分析与优化，提升精准定位、引导乃至定义用户需求等能力。

（2）**快速响应能力**，是指以用户为中心构建端到端的响应网络，提升快速、动态、精准响应和满足用户需求等能力。

（3）**增值服务能力**，是指基于售前、售中、售后数据共享和业务集成，创新服务场景，提升延伸服务、跨界服务、超预期增值服务等能力。

（四）与价值创造的合作伙伴有关的能力

组织需打造与价值创造的合作伙伴有关的能力，主要包括生态合作能力等，加强与供应链上下游、用户、技术和服务提供商等合作伙伴之间的资源、能力和业务合作，构建优势互补、合作共赢的协作网络，形成良性迭代、可持续发展的市场生态。生态合作细分能力主要包括：

（1）**供应链协同能力**，是指与供应链上下游合作伙伴实现在线数据、能力和业务协同，提升整个供应链精准协作和动态调整优化等能力。

（2）**生态共建能力**，是指与生态合作伙伴实现在线数据、能力和业务认知协同，提升整个生态圈资源和能力的按需共享、在线智能交易和自学习优化等能力。

（五）与价值创造的主体有关的能力

组织需打造与价值创造的主体有关的能力，主要包括员工赋能能力等，充分认识到员工已从"经济人""社会人"向"知识人""合伙人"转变，不断加强价值导向的人才培养与开发，赋予员工价值创造的技能和知识，最大程度激发员工价值创造的主动性和潜能。员工赋能细分能力主要包括：

（1）**人才开发能力**，是指以价值创造结果为导向开展人才精准培养、使用和考核，提升人才价值全面可量化、可优化等能力。

（2）**知识赋能能力**，是指基于平台为员工提供知识共享和个性化知识服务，帮助员工快速胜任需求，培养员工差异化技能，提升全员创新等能力。

（六）与价值创造的驱动要素有关的能力

组织需打造与价值创造的驱动要素有关的能力，主要包括数据开发能力等,将数据作为关键资源、核心资产进行有效管理,充分发挥数据作为创新驱动核心要素的潜能,深入挖掘数据作用,开辟价值增长新空间。数据开发细分能力主要包括:

(1)**数据管理能力**,是指开展跨部门、跨组织(企业)、跨产业数据全生命周期管理,提升数据集成管理、协同利用和价值挖掘等能力。

(2)**数字业务能力**,是指基于数据资产化运营,提供数字资源、数字知识和数字能力服务,提升培育发展数字新业务等能力。

三、系统性解决方案

开展数字化转型,支持打造新型能力,加速业务创新转型变革,应策划实施涵盖数据、技术、流程、组织的系统性解决方案,在此基础上,通过数据、技术、流程和组织四个核心要素的互动创新和持续优化,推动新型能力和业务创新转型的持续运行和不断改进。系统性解决方案视角包括数据、技术、流程、组织等四个子视角。

(一)数据

数据要素是指将数据作为核心资产进行管理,挖掘数据要素价值和创新驱动潜能等内容。主要包括:

（1）**数据采集**，包括设备设施、业务活动、供应链/产业链、全生命周期、全过程乃至产业生态相关数据的自动采集或在线按需采集等。

（2）**数据集成与共享**，包括基于数据接口、数据交换平台等的多源异构数据在线交换和集成共享等。

（3）**数据应用**，包括单元级、流程级、网络级、生态级的数据建模以及基于模型的决策支持与优化等。

（二）技术

技术要素是指新型能力建设涵盖的信息技术、产业技术、管理技术等，以及各项技术要素集成、融合和创新等内容。主要包括：

（1）**设备设施**，包括生产和服务设备设施自动化、数字化、网络化、智能化改造升级，以及新技术、新材料、新工艺、新装备等产业技术创新与应用等。

（2）**信息技术（IT）软硬件**，包括IT软硬件资源、系统集成架构的部署，以及IT软硬件的组件化、可配置和社会化按需开发和共享利用等。

（3）**网络**，包括覆盖生产/服务区域统一运营技术（OT）网络基础设施，以及IT网络、OT网络和互联网间的互联互通等。

（4）**平台**，包括自建或应用第三方平台，基础资源和能力的模块化、数字化、平台化,社会化能力共享平台建设等。

(三)流程

流程要素主要是指新型能力建设所涉及核心业务流程的优化设计以及数字化管控等内容。主要包括:

(1)**业务流程优化设计**,包括跨部门/跨层级流程、核心业务端到端流程以及产业生态合作伙伴间端到端流程等的优化设计等。

(2)**业务流程管控**,包括应用数字化手段开展业务流程的运行状态跟踪、过程管控和动态优化等。

(四)组织

组织要素主要是指新型能力建设运行所涉及的职能职责调整、人员角色变动以及岗位匹配优化等内容。主要包括:

(1)**职能职责调整**,包括根据业务流程优化要求建立业务流程职责,匹配调整有关的合作伙伴关系、部门职责、岗位职责等。

(2)**人员优化配置**,包括按照调整后的职能职责和岗位胜任要求,开展员工岗位胜任力分析,人员能力培养、人员按需调岗等。

四、治理体系

开展数字化转型,打造新型能力,推进业务创新转型,

第一篇 数字化转型 参考架构

除了策划实施系统性解决方案以提供技术支持,还应建立相匹配的治理体系并推进管理模式持续变革,以提供管理保障。治理体系视角包括数字化治理、组织机制、管理方式、组织文化等四个子视角。

(一)数字化治理

数字化治理是指建立与新型能力建设、运行和优化相匹配的数字化治理机制,应用架构方法,推动人、财、物,以及数据、技术、流程、组织等资源、要素和活动的统筹协调、协同创新和持续改进,强化安全可控技术应用以及安全可控、信息安全等管理机制的建设与持续改进等内容。主要包括:

(1)**数字化治理机制**,包括为实现四要素协同、创新管理和动态优化建立的标准规范和治理机制等内容。

(2)**数字化领导力**,包括高层领导者对数字化转型敏锐战略洞察和前瞻布局,以及由一把手、决策层成员、其他各级领导、生态合作伙伴领导等共同形成的协同领导和协调机制等。

(3)**数字化人才**,包括全员数字化理念和技能培养,数字化人才绩效考核和成长激励制度,以及跨组织(企业)人才共享和流动机制等。

(4)**数字化资金**,包括围绕新型能力建设等数字化资金投入的统筹协调利用、全局优化调整、动态协同管理和量化精准核算等机制。

（5）**安全可控**，包括自主可控技术研发、应用与平台化部署，网络安全、系统安全、数据安全等信息安全技术手段应用，以及安全可控、信息安全等相关管理机制的建立等。

（二）组织机制

组织机制是指建立与新型能力建设、运行和优化相匹配的组织职责和职权架构，提高针对用户日益动态、个性化需求的响应速度和柔性服务能力等内容。主要包括：

（1）**组织机制设置**，包括建立流程化、网络化、生态化的柔性组织结构，并建立数据驱动的组织结构动态优化机制等。

（2）**职能职责调整机制**，包括建立覆盖组织全过程和全员的数据驱动型职能职责分工体系，以及相互之间的沟通协调机制等。

（三）管理方式

管理方式是指建立与新型能力建设、运行和优化相匹配的组织管理方式和工作模式，推动员工自组织、自学习，主动完成创造性工作，支持员工自我价值实现，与组织共同成长等内容。主要包括：

（1）**管理方式创新**，包括推动职能驱动的科层制管理向流程驱动的矩阵式管理、数据驱动的网络型管理、智能驱动的价值生态共生管理等管理方式转变等。

（2）**员工工作模式变革**，包括支持员工基于移动化、社交化、知识化的数字化平台履行职能职责，以及以价值创造结果和贡献为导向，激励员工开展自我管理、自主学习和价值实现等。

（四）组织文化

组织文化是指建立与新型能力建设、运行和优化相匹配的组织文化，把数字化转型战略愿景转变为组织全员主动创新的行为准则等内容。主要包括两个方面：

（1）**价值观**，包括积极应对新一代信息技术引发的变革，构建开放包容、创新引领、主动求变、务求实效的价值观等。

（2）**行为准则**，包括制定与价值观相匹配的行为准则和指导规范，以及利用数字化、平台化等手段工具，支持行为准则和指导规范的有效执行和迭代优化等。

五、业务创新转型

开展数字化转型，价值获取最终还要靠业务创新转型和业态转变，应充分发挥新型能力赋能作用，加速业务体系和业务模式创新，推进传统业务创新转型升级，培育发展数字新业务，通过业务全面服务化，构建开放合作的价值模式，快速响应、满足和引领市场需求，最大化获得价值效益。业务创新转型视角包括业务数字化、业务集成融合、业务模式创新和数字业务培育四个子视角。

（一）业务数字化

业务数字化是指单个部门或单一环节相关业务的数字化、网络化和智能化发展，以实现数据驱动的业务运行和资源配置方式变革。典型业务数字化主要包括：

（1）**产品/服务数字化、网络化、智能化**，包括产品或服务的状态感知、交互连接、智能决策与优化等。

（2）**研发设计数字化、网络化、智能化**，包括产品数字化建模与仿真优化，以及智能化研发管理等。

（3）**生产管控数字化、网络化、智能化**，包括生产/服务现场生产活动的数字化、智能化管控，以及生产资源精准配置和动态调整优化等。

（4）**运营管理数字化、网络化、智能化**，包括基于数字化模型的管理活动精准管控、动态优化和智能辅助决策等。

（5）**市场服务数字化、网络化、智能化**，包括以用户为中心的服务全过程动态管控，以及服务资源按需供给和动态优化配置等。

（二）业务集成融合

业务集成融合是指跨部门、跨业务环节、跨层级的业务集成运作和协同优化。按照纵向管控、价值链、产品生命周期等维度，业务集成融合主要包括：

（1）**经营管理与生产作业现场管控集成**，包括经营管理和生产/作业现场间数据互联互通、精准管控和协同联动等。

（2）**供应链/产业链集成**，包括采购、生产、销售、物流等供应链/产业链环节数据互联互通、业务协同优化和智能辅助决策等。

（3）**产品生命周期集成**，包括需求定义、产品研制、交易/交付、服务、循环利用/终止处理等产品生命周期管理环节基于数据驱动的协同优化和动态管控等。

（三）业务模式创新

业务模式创新是指基于新型能力模块化封装和在线化部署等，推动关键业务模式创新变革，构建打通组织内外部的价值网络，与利益相关方共同形成新的价值模式。**典型业务模式创新主要包括：**

（1）**智能化生产**，包括生产过程的智能运营优化，以及与生态合作伙伴间基于平台的智能驱动的生产能力协同等。

（2）**网络化协同**，包括基于关键业务在线化运行的平台技术网络和合作关系网络，实现相关方之间关键业务和资源的网络化协同和动态优化等。

（3）**服务化延伸**，包括基于数据集成共享和数据资产化运营，沿产品生命周期、供应链/产业链等提供增值、跨界、全场景的延伸服务等。

（4）**个性化定制**，包括基于产品的模块化、数字化和智能化，利用互联网平台等快速精准满足用户动态变化的个性化需求等。

（四）数字业务培育

数字业务培育是指通过数字资源、数字知识和数字能力的输出，基于数据资产化运营，形成服务于用户及利益相关方的新业态。数字业务主要包括：

（1）**数字资源服务**，包括基于组织采集、获取、积累和提炼的相关数字资源，对外提供数据查询、统计分析、数据处理、数据交易等服务。

（2）**数字知识服务**，包括基于组织数字资源开展知识的数字化、数字孪生、智能化建模等，对外提供知识图谱、工具方法、知识模型等服务。

（3）**数字能力服务**，包括基于组织相关数据资源和知识，开展主要业务相关的数字能力打造，并推动能力的模块化、数字化和平台化，对外提供研发设计、仿真验证、生产、供应链管理等数字能力服务。

第三章 过程方法

针对数字化转型的五个视角,参考架构给出其各自对应的过程联动方法,并沿着以新型能力建设为主线的数字化转型全过程,构建相关过程联动方法之间的关联关系,为相关方协调有序推进数字化转型提供方法体系。

一、发展战略过程联动方法

组织应建立完善发展战略过程联动方法(如图 7 所示),对战略的分析制定、落地实施、动态调整等全过程进行柔性管控、迭代优化,以有效支撑组织可持续发展。发展战略过程联动方法包括"可持续竞争合作优势需求→业务场景→价值模式"的战略识别机制,以及"新型能力→业务模式→可持续竞争合作优势获取"的战略实现机制。战略识别机制用于生成价值主张;战略实现机制通过价值目标的分解、创造和获取,实现战略落地,并由此提出进一步改进需求。发展战略过程联动方法的主要过程方法如下。

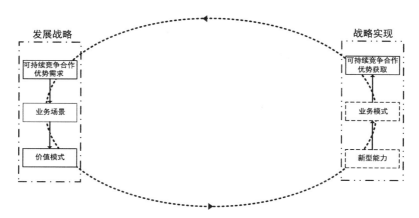

图 7 发展战略过程联动方法包含的主要过程

（一）以数字化转型为核心内容的发展战略制定

组织应采用适宜的方法和工具，对影响其数字化转型的各种内外部环境因素进行系统的识别、分析和确定，开展数字化转型诊断对标，明确数字化转型的现状水平、发展阶段、长板和短板等，在此基础上制定以数字化转型为核心内容的发展战略，明确战略定位、导向目标和关键举措等。组织制定以数字化转型为核心内容的发展战略应以优化、创新和重构组织价值体系为导向，充分考虑新一代信息技术发展新趋势，将数字组织（企业）、数据驱动的价值网络建设以及数字业务的培育发展等作为重要内容。

（二）可持续竞争合作优势需求的识别

在制定以数字化转型为核心内容的发展战略过程中，结合内外部环境分析、数字化转型诊断对标结果,运用适宜的方法工具,充分考虑与外部相关方的竞争与合作关系,识别与其发展战略相匹配的、差异化的可持续竞争合作优势需求。随着内外部环境的快速变化,组织的战略应适时优化,组织确定的可持续竞争合作优势需求也应相应动态调整,组织间竞争关系也应逐步向竞争与合作关系转变。

(三)业务场景和价值模式的策划

结合组织业务现状,围绕可持续竞争合作优势需求,策划与其相匹配的业务架构和业务场景,明确业务体系及相互关系、价值效益目标、业务资源需求等,并进一步策划形成相应价值创造、传递和分享的具体路径和模式。在此基础上,进一步提出对新型能力(体系)建设的需求,作为新型能力过程联动方法的输入。

(四)通过打造新型能力和创新业务模式获取可持续竞争合作优势

组织应按照价值效益目标,基于新型能力过程联动方法识别和打造新型能力(体系),并通过能力赋能业务创新转型实现价值获取。在新型能力建设及相应业务创新转型活动(即新型能力过程联动方法、业务创新转型过程联动方法)完成后,组织应综合采用诊断、评价、考核等手段,对新型能力建设、运行和优化情况、业务模式创新及其价值效益目标达成等情况进行系统分析和确认。在此基础上,基于所打造的新型能力、所创新的业务模式、所获取的价值效益等,诊断分析并确认可持续竞争合作优势的获取情况,以及战略的总体实现程度等。

(五)通过建立反馈机制实现战略全过程柔性管控及其持续迭代优化

建立相应职能职责和工具手段等,确保发展战略实现、价值效益达成以及业务模式创新、新型能力打造等的结果能够得到及时、有效、准确反馈,并作为下一轮可持续竞争合作优势分析的输入,从而构建形成可持续迭代优化的战略全过程柔性管控机制。

二、新型能力过程联动方法

为持续推进新型能力(体系)的建设和迭代优化,组织应建立策划,支持、实施与运行,评测,改进(PDCA)循环机制,如图 8 所示。将发展战略过程联动方法中的战略识别结果作为新型能力识别和策划的输入,按照 PDCA 过程方法的总体要求系统推进新型能力建设、运行和优化,协调有序推进服务于能力建设、运行和优化的系统性解决方案(要素)过程联动方法,以及服务于新型能力建设、运行和优化的治理体系过程联动方法,并将打造形成的新型能力输出至业务创新转型过程联动方法,以新型能力为纽带实现与业务创新转型过程联动方法,以及战略实现机制的有效衔接。新型能力过程联动方法的主要过程方法如下。

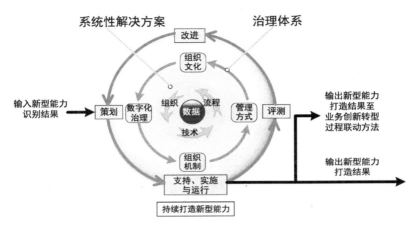

图 8 新型能力过程联动方法包含的主要过程

（一）新型能力的识别与策划

组织应按照发展战略过程联动方法中识别的可持续竞争合作优势需求、策划的业务场景及业务架构、提出的价值模式等内容，参考新型能力的主要视角，开展拟打造新型能力的识别，提出拟打造的新型能力（体系）。在此基础上，开展新型能力分解与模块化组合需求分析，完成新型能力（体系）的策划。在识别和策划新型能力（体系）时，应充分考虑自身数字化转型的发展阶段、现状水平、资源条件等情况，以及对系统性解决方案和治理体系等方面的需求，选取最为关键、最为迫切且切实可行的新型能力，所选取的新型能力（体系）应与自身发展需求和条件相适应，且共同形成支撑业务创新转型的最大合力，能够支持获取最大化价值效益。随着数字化转型不断深入，组织应加速提升新型能力（体系）的战略性、前瞻性、系统性和全局性。

（二）新型能力的实施与运行

构建并实施系统性解决方案的技术实现过程是新型能力（体系）实施与运行的关键过程，对应系统性解决方案（要素）过程联动方法。组织应从数据、技术、流程和组织等四个要素入手构建系统性解决方案，通过系统性解决方案的统筹规划、分步实施、迭代优化打造形成新型能力（体系）。创新完善相应治理体系的管理保障过程也是新型能力（体系）实施与运行的关键过程，对应治理体系过程联动方法。围绕新型能力（体系）的实施与运行，从组织整体层面系统推进涵盖数字化治理、组织机制、管理方式、组织文化的治理体系建设，形成保障新型能力（体系）有效实施与运行的组织机制和管理模式，并在新型能力（体系）实施与运行过程中进行迭代优化。以新型能力过程联动方法为纽带，通过加强系统性解决方案（要素）过程联动方法和治理体系过程联动方法的协调优化和融合创新，可更有效推进新型能力（体系）的建设、运行和持续优化，从而更有力支持价值创造。

（三）新型能力的评价与改进

建立适宜的新型能力诊断、对标和评价体系，对新型能力（体系）建设与运行预期结果的实现程度，系统性解决方案、治理体系的适宜性、有效性及其适配性等进行诊断分析和评价，寻找可改进的机会。建立并有效实施新型能力（体系）的改进机制，形成改进措施和预防措施，确保能够及时、准确把握改进的机会，不断优化提升新型能力，持续有效地支撑业务创新转型。

三、系统性解决方案（要素）过程联动方法

系统性解决方案（要素）过程联动方法是新型能力过程联动方法中与技术实现有关的重要组成部分，主要包括策划、实施、评价和改进系统性解决方案，以支撑新型能力（体系）的实施与运行，如图9所示。系统性解决方案（要素）过程联动方法的主要过程方法如下。

图9 系统性解决方案（要素）过程联动方法包含的主要过程

第三章 过程方法

（一）系统性解决方案（要素）的策划

按照识别和策划的新型能力（体系），应用适宜的工具和方法，对数据、技术、流程、组织等现状进行分析和确认，综合考虑相关支持条件和资源，系统策划涵盖相关要素、支持新型能力（体系）实施与运行的系统性解决方案，并确保系统性解决方案得到各要素相关责任主体的认同和确认。围绕打造新型能力（体系）所形成的系统性解决方案应是一个有机、融合、系统的解决方案，涉及数据、技术、流程、组织等四要素，既要明确业务流程优化与职能职责调整的需求、技术实现的需求、数据开发利用的需求，也要明确这些需求之间的相互关系及其实施路径、关键环节、突破口和切入点。此外，系统性解决方案的策划还需明确必要的支持条件和资源需求，以及其实施过程的责任人、参与人、相关方职责、方法和进度要求等。

（二）系统性解决方案（要素）的实施

依据策划的系统性解决方案，以业务流程为导向，有序开展业务流程梳理与优化，协同推进相关职能职责调整、技术方案的制定与获取、数据的开发利用等。系统性解决方案实施过程中，应开展必要的试运行，以促进数据、技术、流程、组织等方面的相互磨合和匹配优化，在试运行完成后，还需对相关方面的成果进行必要的规范化和制度化处理，以提升其运行的一致性和有效性。

（三）系统性解决方案（要素）的运行维护

建立系统性解决方案的运行维护机制，确保系统性解决方案有效运行，并紧跟数据、技术、流程、组织等相关技术迅猛发展的新趋势新要求，持续优化系统性解决方案，从而确保相关新型能力得到有效保持和持续改进。

四、治理体系过程联动方法

治理体系过程联动方法是新型能力过程联动方法中与管理保障有关的重要组成部分，主要包括策划、实施、评价和改进全组织的治理体系，以支撑新型能力（体系）的实施与运行，如图10所示。治理体系过程联动方法的主要过程方法如下。

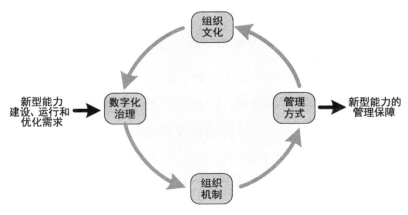

图 10　治理体系过程联动方法包含的主要过程

（一）治理体系的策划

按照识别和策划的新型能力（体系）对治理体系创新提出的需求，从数字化治理、组织机制、管理方式、组织文化等方面，系统策划治理体系创新变革的方案和路径。具体而言，需按照新型能力（体系）有效实施与运行的要求，识别数字化治理制度、数字化领导力、数字化人才、数字化资金、安全可控等方面的需求，形成数字化治理体系建设方案。需从组织整体层面识别组织机制优化调整、管理方式创新变革、员工赋能赋智等方面的需求，形成组织机制和管理方式优化方案。需识别组织文化方面的需求，形成组织文化建设方案。治理体系的优化升级是一个循序渐进的长期过程，需高度重视其与新型能力（体系）的适宜性，做好总体规划，按照分步实施的要求明确各方协同推进治理体系建设的方法路径，明确必要的支持条件和资源需求，以及相关责任人、参与人、相关方职责等。

（二）治理体系的实施

依据策划的治理体系建设方案，组织相关方协同推进数字化治理制度建设、组织机制调整、管理方式变革、组织文化建设、安全可控技术应用以及安全可控、信息安全管理机制建设等工作，逐步构建覆盖全要素、全员的数字化治理体系，打造小微化、网络化、平台化的柔性组织，实现员工的精准赋能赋权和创新激励，并形成与组织管理变革相适应的组织文化。治理体系实施过程中，应持续推动数字化治理、组织机制、管理方式、组织文化等方面的匹配性优化调整，并将相关成果进行规范化、制度化处理，以提升治理体系相关建设、优化活动的一致性和有效性。

（三）治理体系的持续改进

建立治理体系的诊断、对标和评价体系，对治理体系建设的全过程及其作用成效等进行动态跟踪、全面分析和精准评判，识别持续改进的需求和机会，推动治理体系迭代优化，不断提升其对新型能力（体系）的适宜性和有效性。

五、业务创新转型过程联动方法

业务创新转型过程联动方法根据发展战略过程联动方法中战略识别机制确定的业务场景及价值模式，基于新型能力过程联动方法打造形成的新型能力的赋能作用，以价值效益为导向，灵活调用或按需组合应用相关新型能力，螺旋式推动业务数字化、业务集成融合和业务模式创新，培育发展数字业务，从而更有效地实现价值获取，形成可持续竞争合作优势，支撑战略实现，如图 11 所示。业务创新转型过程联动方法的主要过程方法如下：

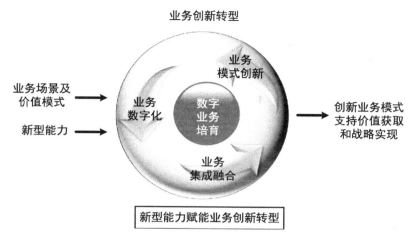

图 11　业务创新转型过程联动方法包含的主要过程

（一）业务数字化

以提升单项应用水平为重点，依托支持主营业务单一职能优化的单元级能力，在研发、生产、经营、服务等业务环节部署应用工具级数字化设备设施和技术系统，开展业务单元（部门）内业务数据获取、开发和利用，持续完善职能驱动型的管理模式，提升单项业务数字化水平，主要获取基于单项业务数字化带来的效率提升、成本降低、质量提高等价值效益。

（二）业务集成融合

以提升综合集成水平为重点，依托支撑主营业务集成协同的流程级能力，开展跨部门、跨业务环节的数据获取、开发和利用，持续完善流程驱动型的管理模式，推动组织纵向管控集成、横向产供销集成以及面向产品全生命周期的端到端集成等，优化资源配置水平，大幅提升业务集成运行效率，主要获取基于业务集成融合带来的效率提升、成本降低、质量提高，以及新技术/新产品、服务延伸与增值、主营业务增长等价值效益。

（三）业务模式创新

以实现全面数字化为重点，依托支持组织全局优化的网络级能力，开展全组织（企业）、全价值链、产品全生命周期等的数据获取、开发和利用，持续完善数据驱动型的管理模式，逐步构建数字组织（企业），发展延伸业务，实现产品/服务创新，主要获取基于业务模式创新带来的新技术/新产品、服务延伸与增值、主营业务增长等价值效益。

（四）数字业务培育

以构建价值生态为重点，依托价值开放共创的生态级能力，开展覆盖组织（企业）全局以及合作伙伴的生态圈级数据的获取、开发和利用，持续完善智能驱动的生态型管理模式，培育和发展以数据为核心的新模式、新业态，主要获取基于数字业务带来的用户/生态合作伙伴连接与赋能、数字新业务、绿色可持续发展等价值效益。

第四章　发展阶段

数字化转型共分为五个发展阶段，即初始级发展阶段、单元级发展阶段、流程级发展阶段、网络级发展阶段、生态级发展阶段。基于数据要素在不同发展阶段所发挥驱动作用的不同，数字化转型的发展战略、新型能力、系统性解决方案、治理体系、业务创新转型等五个视角，在不同发展阶段有不同的发展状态和特征。

一、初始级发展阶段

处于初始级发展阶段的组织，在单一职能范围内初步开展了信息（数字）技术应用，但尚未有效发挥信息（数字）技术对主营业务的支持作用。各视角典型状态和特征如下。

（一）发展战略视角

发展战略中尚未明确或初步提及信息（数字）技术应用相关内容，尚未制定信息（数字）技术应用相关的专项规划。

（二）新型能力视角

打造了新型能力，但尚未有效建成主营业务范围内的新型能力。

（三）系统性解决方案视角

初步开展了信息（数字）技术应用，或初步开展了基于信息（数字）技术的（系统性）解决方案策划与实施。

（四）治理体系视角

管理模式为经验驱动型，各项业务活动主要由管理人员根据经验做出决策。

（五）业务创新转型视角

尚未实现基于数字化的业务创新。

二、单元级发展阶段

处于单元级发展阶段的组织，在主要或若干主营业务单一职能范围内开展了（新一代）信息技术应用，提升相关单项业务的运行规范性和效率。各视角典型状态和特征如下。

（一）发展战略视角

在发展战略或专项规划中明确提出了数字化的内容，目标定位主要是提升业务规范性和运行效率，数字化内容纳入了部门级年度计划和绩效考核。

（二）新型能力视角

能够运用（新一代）信息技术手段支持单一职能范围内新型能力的建设、运行和优化，所形成的新型能力主要在相关单项业务中使用。

（三）系统性解决方案视角

面向单一职能范围内新型能力建设、运行和优化，开展了必要的设备设施改造，应用（新一代）信息技术手段和工具，开展了相关单项业务优化和职能职责调整，基于单一职能范围内及相关单项业务数据采集开展了单元级数据建模等。

（四）治理体系视角

管理模式是职能驱动型，能够基于单一职能范围内或相关单项业务数据开展辅助管理决策。领导重视并积极推动（新一代）信息技术应用，设置了专门团队开展（新一代）信息技术应用与运维，建立了单项应用与运维制度等。

（五）业务创新转型视角

主要或关键单项业务实现数字化，形成了（新一代）信息技术手段和工具支持下的业务运行模式。

三、流程级发展阶段

处于流程级发展阶段的组织，在业务线范围内，通过流程级数字化和传感网级网络化,以流程为驱动,实现主营业务关键业务流程及关键业务与设备设施、软硬件、行为活动等要素间的集成优化。各视角典型状态和特征如下。

(一)发展战略视角

以实现业务综合集成为核心制定了数字化转型专项战略规划,已在战略层面认识到数据的重要价值,并将数字化转型年度计划和绩效考核纳入组织整体发展规划和考核体系。

(二)新型能力视角

完成了支持主营业务集成协同的流程级新型能力的建设,且新型能力的各能力模块可被该流程上相关业务环节有效应用。

(三)系统性解决方案视角

面向流程级能力建设、运行和优化,构建了传感网级网络,集成应用IT软硬件资源,开展了跨部门、跨业务环节、跨层级的业务流程优化设计和职能职责调整,基于主要设备和各业务系统数据采集和集成共享,构建并应用了系统级数字化模型。

(四)治理体系视角

管理模式为流程驱动型,能够开展跨部门、跨业务流程的数字化集成管理,由组织决策层和专职一级部门统筹推进数字化转型工作，形成了流程驱动的数字化系统建设、集成、运维和持续改进的标准规范和治理机制。

（五）业务创新转型视角

在组织关键业务均实现数字化基础上，沿着纵向管控、价值链和产品生命周期等维度，主要或关键业务线实现了业务集成融合。

四、网络级发展阶段

处于网络级发展阶段的组织，在全组织（企业）范围内，通过组织（企业）级数字化和产业互联网级网络化，推动组织（企业）内全要素、全过程互联互通和动态优化，实现以数据为驱动的业务模式创新。各视角典型状态和特征如下。

（一）发展战略视角

制定了以数字组织（企业）为核心内容的发展战略，在发展战略中明确将数据作为关键战略资源和驱动要素，加速推进业务创新转型和数字业务培育。构建数字组织（企业）成为组织年度计划的核心内容，并建立了覆盖全员的绩效考核体系。

（二）新型能力视角

完成了支持组织全局优化的网络级能力的建设，实现了新型能力的模块化、数字化和网络化，能够在全组织（企业）范围内进行按需共享和应用。

（三）系统性解决方案视角

建设了数字组织（企业）的系统集成架构，业务基础资源和能力实现平台化部署，支持按需调用，OT网络与IT网络实现协议互通和网络互联，基于组织内全要素、全过程数据在线自动采集、交换和集成共享，建设和应用组织（企业）级数字孪生体模型。

（四）治理体系视角

管理模式为数据驱动型，实现了覆盖组织（企业）全过程的自组织管理。建立组织（企业）级数字化治理领导机制和协调机制，形成了数据驱动的数字组织（企业）治理体系，实现了数据、技术、流程和组织等四要素的智能协同、动态优化和互动创新。

（五）业务创新转型视角

基于主要或关键业务在线化运行和核心能力模块化封装和共享应用等，实现了网络化协同、服务化延伸、个性化定制等业务模式创新。

五、生态级发展阶段

处于生态级发展阶段的组织,在生态组织范围内,通过生态级数字化和泛在物联网级网络化,推动与生态合作伙伴间资源、业务、能力等要素的开放共享和协同合作,共同培育智能驱动型的数字新业务。各视角典型状态和特征如下。

(一)发展战略视角

制定了以构建共生共赢生态系统、发展壮大数字业务为目标的组织发展战略及生态圈发展战略,在发展战略中明确将数据作为驱动创新的核心要素,开展智能驱动的生态化运营体系建设,制定了覆盖整个生态圈主要合作伙伴的战略全过程柔性管控机制。

(二)新型能力视角

完成了支持价值开放共创的生态级能力的建设,能够与生态合作伙伴共建开放的能力合作平台和开放价值生态,实现生态级能力认知协同、按需共享和自优化。

(三)系统性解决方案视角

建立了组件化、可配置、开放灵活的智能云平台,组织内 OT 网络、IT 网络以及组织外互联网实现互联互通,组织已成为社会化能力共享平台的核心或重要贡献者,与合作伙伴共同实现生态基础资源和能力的平台部署、开放协作和按需利用。

(四)治理体系视角

管理模式为智能驱动型,员工成为组织的合伙人,形成了以生态伙伴命运共同体为核心的价值观和组织文化。

(五)业务创新转型视角

形成了以数字业务为核心的新型业态,数字业务成为组织主营业务的重要组成部分,发挥生态圈创新潜能,开辟实现绿色可持续发展的广阔空间。

第二篇

数字化转型 价值效益参考模型

提出数字化转型价值效益参考模型,明确价值效益的分类体系、基于能力单元的价值创造和传递体系以及基于新型能力的价值获取体系构建的通用方法,以引导组织(企业)以价值效益为导向系统部署数字化转型活动,更加务实有效推进数字化转型进程。

第五章　总体框架

数字化转型价值效益参考模型的总体框架（如图 12 所示），主要针对数字化转型的价值效益"有哪些""怎么创造和传递"及"怎么获取"等，给出价值效益分类体系、基于能力单元的价值创造和传递体系以及基于新型能力的价值获取体系等参考架构，系统阐释以价值效益为导向、将价值效益要求贯穿数字化转型全过程的方法机制。

价值效益分类体系给出数字化转型可实现的价值效益参考分类，从生产运营优化、产品/服务创新、业态转变等方面，阐明数字化转型过程中不断跃升的价值效益。

基于能力单元的价值创造和传递体系给出基于能力单元的价值创造和价值传递参考架构，从基于能力分解实现价值分解的主要视角、支持能力打造和价值创造的能力单元、支持能力协同和价值传递的能力单元组合范式等方面，阐明通过能力单元和能力单元组合建设，实现能力打造和共享，支持价值创造和传递的方法路径。

第二篇　数字化转型　价值效益参考模型

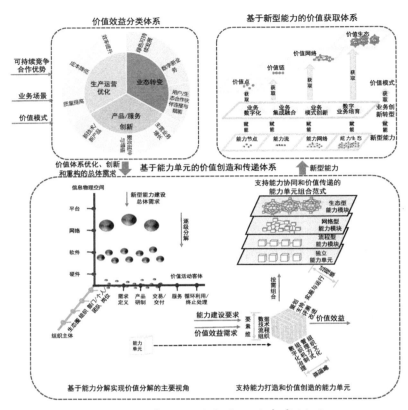

图 12　数字化转型价值效益参考模型

基于新型能力的价值获取体系给出基于新型能力的价值效益获取参考架构，从价值点、价值链、价值网络、价值生态等方面，阐明基于能力节点、能力流、能力网络、能力生态等新型能力赋能业务创新转型和业态转变，获取价值效益的模式。

要确保数字化转型活动有效达成价值效益目标，其核心

第五章 总体框架

路径是以新型能力建设为主线。围绕价值体系优化、创新和重构的需求，策划数字经济时代的新型能力，通过所策划新型能力的分解/组合、新型能力打造和新型能力应用，支持价值效益目标的分解/组合、价值创造和传递以及价值获取，如图 13 所示。

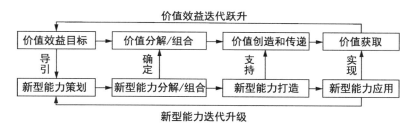

图 13　以新型能力建设为主线实现价值效益

第六章 价值效益分类体系

价值效益是数字化转型的出发点,也是数字化转型的落脚点。价值效益分类体系给出数字化转型可实现的价值效益参考分类,按照业务创新转型方向和价值空间大小,可分为生产运营优化、产品/服务创新、业态转变三个视角,如图 14 所示。

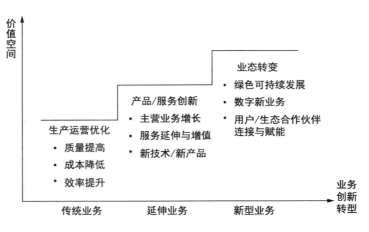

图 14 价值效益分类体系

一、生产运营优化

该类价值效益相应的业务体系本身一般不会有本质性的转变,主要专注于传统的存量业务,价值创造和传递活动主要集中在组织(企业)内部价值链,价值获取主要来源于传统产品规模化生产与交易,价值效益主要体现为效率提升、成本降低、质量提高等方面。

(一)效率提升

组织(企业)通过数字化转型,一方面,推动数据流动减少信息不对称,提高资源优化配置效率,使得进一步细化分工成为可能,提高规模化效率,提升单位时间内价值产出。另一方面,通过应用新一代信息技术,实现用户个性化需求的快速响应,增强个性定制能力,以信息技术赋能多样化效率提升,提高单位用户的价值产出等。

(二)成本降低

组织(企业)通过数字化转型,推动产品创新从试验验证到模拟择优,降低创新试错和研发成本;加强人、机、料、法、环等生产要素的优化配置和动态优化,降低单位产品的生产成本;提高资源配置效率,减少由于人、财、物等资源浪费和无效占用所带来的管理成本;优化交易的搜寻和达成过程,降低产品/服务的搜索成本和交易成本等。

（三）质量提高

组织（企业）通过数字化转型，优化改进产品/服务设计、工艺（过程）设计等，提高产品和服务质量，稳定提供满足客户需求的产品和服务；实现生产/服务质量全过程在线动态监控和实时优化，提升质量稳定性，降低质量损失；实现对采购及供应商协作全过程在线动态监控和实时优化，提升供应链质量管理水平；实现（新一代）信息技术和质量管理深度融合，将质量管理由事后检验转变为按需、动态、实时全面质量管理，全面提升质量管控和优化水平。

二、产品/服务创新

该类价值效益相应的业务体系仍然保持总体不大变，主要专注于拓展基于传统业务的延伸服务，价值创造和传递活动沿着产品/服务链延长价值链，开辟业务增量发展空间，价值获取主要来源于已有技术/产品体系的增量价值，价值效益主要体现为新技术/新产品、服务延伸与增值、主营业务增长等方面。

（一）新技术/新产品

一方面，通过新一代信息技术和产业技术融合创新，研制和应用新技术，开发和运营知识产权，创造新的市场机会和价值空间；另一方面，通过催生具有感知、交互、决策、优化等功能的智能产品（群）和高体验产品或服务，提升用户体验，提高单位产品/服务的价值，开发智能产品群的生态价值。

（二）服务延伸与增值

组织（企业）通过数字化转型，一方面，依托智能产品沿着产品/服务生命周期和供应链/产业链提供远程运维、健康管理、在线运营外包等延伸服务，将一次性产品/服务交付获取价值转变为多次服务交易获取价值；另一方面，拓展卖方信贷、总承包、全场景服务等基于原有产品的增值服务内容，提升产品市场竞争力和价值空间。

（三）主营业务增长

组织（企业）通过数字化转型，一方面推动主营业务效率提升，从依靠技术专业化分工提升规模化效率转变为依靠新一代信息技术赋能提升多样化效率，持续强化主营业务核心竞争力，实现主营业务增长；另一方面推动主营业务模式创新，依托数据要素的可复制、可共享和无限供给属性，实现边际效益持续递增，在此基础上不断创新网络化协同、大规模个性化定制等业务模式，提升柔性适应市场变化的能力，逐步提高市场占有率，实现主营业务增长。

三、业态转变

该类价值效益相应的业务体系通常会发生颠覆式创新，主要专注于发展壮大数字业务，形成符合数字经济规律的新型业务体系，价值创造和传递活动由线性关联的价值链、组织（企业）内部价值网络转变为开放价值生态，价值获取主要来源于与生态合作伙伴共建的业务生态，价值效益主要体现为用户/生态合作伙伴连接与赋能、数字新业务和绿色可持续发展等方面。

（一）用户/生态合作伙伴连接与赋能

一方面，基于平台赋能，将用户、员工、供应商、经销商、服务商等利益相关者转化为增量价值的创造者，不断增强用户粘性，利用"长尾效应"满足用户的碎片化、个性化、场景化需求，创造增量价值；另一方面，依托价值网络外部性快速扩大价值空间边界，不断做大市场容量，实现价值持续增值以及价值效益的指数级增长。

（二）数字新业务

组织（企业）通过数字化转型，能够将数字资源、数字知识、数字能力等进行模块化封装并转化为服务，实现内外部数据价值的开发和资产化运营，形成数据驱动的信息生产、信息服务新业态，将组织（企业）高技术投入产生的沉没成本转化为具有高边际收益的数字市场价值,不仅为组织(企业)带来可持续的增量价值,还能够全面盘活存量价值。

(三)绿色可持续发展

组织(企业)通过数字化转型,将以物质经济为主的业务体系转变为以数字经济为主的业务体系,从依靠物质产品规模化转变为依靠数据、信息、知识规模化,提升节能、环保、绿色、低碳管控水平,支持构建绿色可持续的数字产业生态,降低资源过度消耗,减少环境污染和生态损害,大幅提升资源利用率,推动形成绿色、低碳、可持续的发展模式。随着资源环境刚性约束日益增强,绿色可持续发展将成为全社会和用户关注的焦点,也成为组织(企业)优化、创新和重构价值体系和价值模式的核心导向。

第七章 基于能力单元的价值创造和传递体系

基于能力单元的价值创造和传递体系从组织主体、价值活动客体、信息物理空间三个视角出发,通过新型能力的分解实现价值效益目标的分解,进一步明确能力单元建设要求,通过能力单元以及基于能力单元组合形成的能力模块建设,实现能力打造和协同,在此基础上构建覆盖全组织(企业)的基于能力单元的新型能力体系,以支持价值创造和传递,如图15所示。

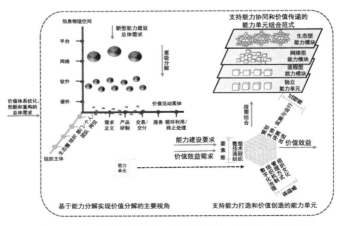

图15 基于能力单元的价值创造和传递体系

第七章 基于能力单元的价值创造和传递体系

一、基于能力单元的价值创造和传递体系构建过程

构建基于能力单元的价值创造和传递体系，首先应依据发展战略中确定的可持续竞争合作优势、业务场景和价值模式，参考价值效益分类体系，明确组织（企业）价值体系优化、创新和重构的总体需求。

其次，根据价值体系优化、创新和重构的总体需求，识别和策划新型能力建设总体需求，并从基于能力分解实现价值分解的主要视角——组织主体、价值活动客体、信息物理空间出发，对所识别和策划的新型能力建设总体需求进行逐级分解，每个新型能力分解至不能或不必再细分为止，并按照能力逐级分解情况确定价值效益逐级分解的需求。

再次，针对不能或不必再细分的新型能力，依据相应价值效益需求提出能力单元建设要求，通过能力单元建设打造相应新型能力，支持价值创造。能力单元是相应能力的载体，其所对应的价值效益需求是能力单元的主要输入，组织（企业）根据价值效益需求建设完善能力单元，打造和运用能力，而相应的价值效益成效则是能力单元的主要输出。每一个能力单元对应一个价值点，基于能力单元构建的价值效益传递关系，即为价值流。

最后，在能力单元建设基础上，通过能力单元组合推动能力协同建设和运用，支持价值传递。当特定的价值效益需

第二篇 数字化转型 价值效益参考模型

要多个能力单元共同承载时,相关能力单元的输入、输出可相互衔接和组合起来,构建基于价值流的能力单元组合。围绕达成特定价值效益,基于价值流构建的相关能力单元组合,即能力模块。通过建设完善能力模块,推动相关新型能力的协同打造和运用,可实现相应价值点的叠加效应、聚合效应和倍增效应。以此类推,围绕组织(企业)战略全局层面的价值体系优化、创新和重构需求,基于价值流构建覆盖全组织(企业)的能力单元/能力模块组合,承载整个组织(企业)新型能力体系,构成基于能力单元的价值创造和传递体系。

二、基于能力分解实现价值分解的主要视角

新型能力分解的主要视角包括组织主体、价值活动客体和信息物理空间,分别从主体、客体、空间三个维度给出新型能力系统分析、逐级分解的参考视角,如图16所示。

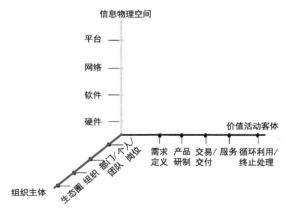

图16 新型能力分解视角

（一）组织主体

新型能力分解需考虑建设和运用能力的组织主体，明确新型能力所涉及的组织边界。在新型能力分解过程中，需系统分析个人/岗位、部门/团队、组织、生态圈等组织主体相关方面，按照所对应的组织层级和范围等开展新型能力的分解。

（二）价值活动客体

新型能力分解需考虑能力赋能的价值活动客体，明确新型能力所涉及的主要价值活动。在新型能力分解过程中，需系统分析需求定义、产品研制、交易/交付、服务、循环利用/终止处理等价值活动客体相关方面，按照所对应的业务体系和业务活动等开展新型能力的分解。

（三）信息物理空间

新型能力体系分解需考虑支撑能力的信息物理空间，明确能力建设和运用所涉及的基础设施和资源环境。在新型能力分解过程中，需系统分析硬件、软件、网络、平台等信息物理空间相关方面，按照所对应的基础设施和资源环境等开展新型能力的分解。

三、支持能力打造和价值创造的能力单元

能力是个人或组织按照特定价值目标完成相关活动或任

务的要求与要素组合以及由此具备的综合素养。数字经济时代的新型能力就是数字化生存和发展能力，就是深化应用新一代信息技术，建立、提升、整合、重构组织的内外部能力，赋能业务加速创新转型，构建竞争合作新优势，改造提升传统动能，形成新动能，不断创造新价值，实现新发展的能力。能力单元是实现价值效益的能力载体，由过程维、要素维和管理维共同定义，如图 17 所示。通过过程维、要素维和管理维等三个维度的协调联动和融合创新，确保以价值效益为导向，稳定有效地打造和应用预期的相关能力。

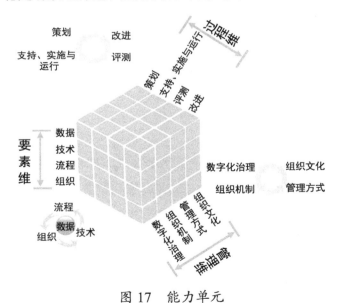

图 17　能力单元

过程维包括策划，支持、实施与运行，评测，改进等子

第七章 基于能力单元的价值创造和传递体系

维度，明确能力建设、运行和优化的过程管控机制，确保能力建设和运用过程可管可控、可持续优化，从而不断实现能力的优化升级，推动价值效益的逐级跃升，始终围绕价值效益目标，不断完善新型能力策划，支持、实施与运行，评测，改进的 PDCA 过程管控机制，推动新型能力相关系统性解决方案和治理体系的构建与持续优化，在此基础上依托 PDCA 过程管控机制，持续推进新型能力打造、系统性解决方案（要素）实施和治理体系建设完善等过程的协调联动与互动创新，稳定打造预期的新型能力，支持创造预期的价值效益。

要素维包括数据、技术、流程和组织等子维度，明确能力建设、运行和优化的系统性解决方案，确保解决方案的系统性和体系性，从而支持新型能力和价值效益目标的有效实现，充分发挥数据的创新驱动潜能，推动新一代信息技术、管理技术与专业领域技术等的集成应用和融合创新，优化业务流程和职能职责协调联动机制，在此基础上通过持续推进上述子维度之间的协调联动和互动创新，推动新型能力打造和价值创造方式的不断变革。

管理维包括数字化治理、组织机制、管理方式和组织文化等子维度，明确能力建设、运行和优化的治理体系，确保能力能够被有序、高效、协调打造和运用，从而最大化发挥其价值创造的潜能，持续提升数字化领导力，统筹优化人才、资金等资源配置，创新自适应、自组织、自优化的组织结构，建立基于"经济人""社会人"向"知识人""合伙人"假设转变的员工赋能、利益分享机制和组织文化等,在此基础上通过持续推进上述子维度之间的协调优化和互动创新,推动管理模式的迭代优化升级,完善新型能力打造和价值创造的治理体系。

四、支持能力共享和价值传递的能力单元组合范式

系统分析所构建的能力单元,按照业务创新转型和特定价值效益需求,构建基于价值流、信息流的能力单元组合,即构建能力模块。能力单元组合的典型范式主要包括独立能力单元、流程型能力模块、网络型能力模块、生态型能力模块等,如图18所示,其所承载的新型能力分别对应为能力节点、能力流、能力网络、能力生态等。

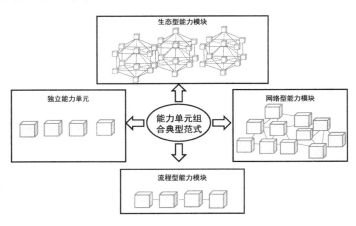

图18 能力单元组合的典型范式

第七章 基于能力单元的价值创造和传递体系

（一）独立能力单元

独立能力单元承载不能或不必再细分的单一新型能力，主要承载组织（企业）内的能力节点。

（二）流程型能力模块

基于上下游衔接的价值流，流程型能力模块是由相关能力单元形成的流程化能力单元组合，主要承载组织（企业）内的能力流。条件具备时，能力流可延伸到供应链上下游等相关组织（企业）。

（三）网络型能力模块

基于端到端价值流，网络型能力模块是由相关能力单元之间网络化连接组成的能力单元组合，主要承载组织（企业）内的能力网络。以各自组织（企业）为中心，必要时，能力网络可连接相关合作伙伴。

（四）生态型能力模块

基于可实现认知协同的价值流，生态型能力模块是由组织（企业）内外部能力单元之间生态化连接组成的能力单元组合，主要承载组织（企业）及其合作伙伴所在生态圈的能力生态。

第八章 基于新型能力的价值获取体系

区别于物质经济基于封闭技术体系构建的封闭价值获取体系,基于新型能力的价值获取体系是基于新型能力赋能构建的开放价值生态体系模型,从价值点、价值链、价值网络、价值生态四个视角出发,以能力节点、能力流、能力网络、能力生态等新型能力赋能业务创新转型和业态转变,实现价值效益开放、创新获取,如图19所示。

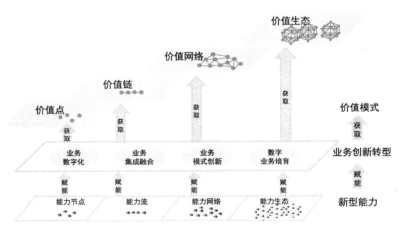

图 19 基于新型能力的价值获取体系

价值模式可分为价值点、价值链、价值网络、价值生态等类型。价值点是由单个孤立价值点以散点形式存在的价值模式。价值链是基于上下游衔接的增值活动,将单个价值点串联以实现价值链整合的价值模式。价值网络是基于价值点网络化连接,实现价值多样化创新的价值模式。价值生态是基于生态合作伙伴之间价值点生态化连接,实现价值的开放生态共建、共创、共享的价值模式。

基于新型能力的价值获取过程就是组织(企业)通过调用新型能力,赋能业务创新转型和业态转变,动态响应市场需求,推动价值模式转变,从而获取价值效益的过程,如图20所示。

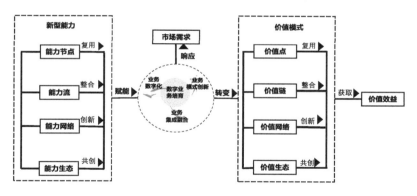

图20 新型能力赋能业务创新转型和价值模式转变

一、基于能力节点的价值点复用模式

推动能力节点的模块化、数字化和平台化,支持各类业务按需调用和灵活使用能力,以新型能力赋能业务轻量化、柔性化、社会化发展,通过业务的蓬勃发展、开放发展提升能力节点的调用率和复用率，从而大幅提高能力节点对应价值点的重复获取，实现价值的增值。

二、基于能力流的价值链整合模式

推动能力节点之间沿着业务链、供应链、价值链等构建基于价值流的能力流，实现能力节点之间的流程化协调联动。以能力流赋能相关业务实现流程化动态集成、协同和优化，通过业务流程动态集成优化，实现供应链、价值链各相关价值环节的价值动态整合和整体效益提升。

三、基于能力网络的价值网络多样化创新模式

推动能力节点之间构建、运行和自适应优化基于价值流的能力网络，实现能力节点之间的网络化动态协同。以能力网络赋能网络化业务模式的创新和发展，大幅提升业务网络化、多样化创新发展的能力和水平，从而实现基于价值网络的价值多样化获取和创新价值创造。

四、基于能力生态的价值生态开放共创模式

推动能力节点之间构建、运行和自学习优化基于价值流的能力生态，实现生态合作伙伴能力节点之间的在线认知协同。以能力生态赋能社会化、泛在化、按需供给的业务生态共建、共创和共享，显著提升业务智能化、集群化、生态化发展能力和水平，培育壮大数字业务等新业态，从而与合作伙伴共创、共享生态化价值。

第三篇

数字化转型　新型能力体系建设指南

提出新型能力体系建设指南,明确新型能力的识别、新型能力的分解与组合、能力单元建设、新型能力分级建设等方法,以引导组织(企业)以新型能力建设为主线系统推进数字化转型活动,稳定获取数字化转型成效。

第九章 总体框架

新型能力体系建设总体框架（如图21所示），主要包括新型能力的识别、新型能力的分解与组合、能力单元的建设、新型能力的分级建设等内容，系统阐释新型能力体系建设的主要方法。

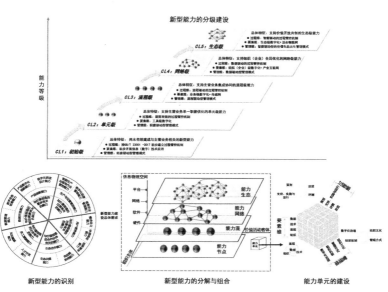

图21 数字化转型新型能力体系建设总体框架

第三篇　数字化转型　新型能力体系建设指南

新型能力的识别部分给出与价值创造的载体、过程、对象、合作伙伴、主体、驱动要素等有关的新型能力的主要视角，明确新型能力建设的参考分类及关键着力点，支持识别拟打造的新型能力。

新型能力的分解与组合部分主要给出基于新型能力建设需求分解明确能力单元建设需求，以及基于能力单元组合实现能力协同和能力进化的参考模型。依据发展战略中确定的可持续竞争合作优势、业务场景和价值模式，明确价值体系优化、创新和重构的总体需求，从组织主体、价值活动客体和信息物理空间三个视角出发，对新型能力建设的总体需求进行系统分析和逐级分解，提出能力单元的建设要求。基于所构建的能力单元，按照特定价值效益需求，以价值流为纽带建设完善相关能力单元组合，支持推动新型能力的协同运用和发展进化。以此类推，围绕组织战略全局层面的价值体系优化、创新和重构需求，基于价值流建设覆盖全组织的能力单元组合的集合，构建形成新型能力体系。

能力单元的建设部分从过程维、要素维、管理维三方面给出能力单元建设、运行和优化的方法。过程维主要包括策划，支持、实施与运行，评测和改进，明确能力建设、运行和优化的过程管控机制。要素维主要包括数据、技术、流程、组织等四要素，明确能力建设、运行和优化的系统性解决方案。管理维主要包括数字化治理、组织机制、管理方式和组织文化,明确能力建设、运行和优化的治理体系。

新型能力的分级建设部分主要对照第三章给出的数字化转型五个发展阶段,分别提出初始级、单元级、流程级、网络级、生态级能力的建设重点。

第十章 新型能力的识别

组织应根据其价值体系优化、创新和重构的总体需求,参考新型能力的主要视角(如图6所示),系统识别拟打造的新型能力(体系),明确新型能力建设的总体需求和关键着力点。

一、与价值创造的载体有关的能力

该视角与价值创造的载体有关,主要包括产品创新能力等。组织需加强产品和服务创新、产品研发过程创新,以不断提高产品附加价值,缩短价值变现周期等。组织应重点识别两类能力:

(1)**产品数字化创新能力**,即利用新一代信息技术加强产品创新,开发支持与用户交互的智能产品,提升支持服务体验升级的产品创新等能力。

(2)**数字化研发设计能力**,即利用新一代信息技术强化产品研发过程创新,开展面向产品全生命周期的数字化设计与仿真优化等,提升并行、协同、自优化研发设计等能力。

二、与价值创造的过程有关的能力

该视角与价值创造的过程有关,主要包括生产与运营管控能力等。组织需纵向贯通生产管理与现场作业活动,横向打通供应链/产业链各环节经营活动,逐步实现全价值链、全要素资源的动态配置和全局优化,提高全要素生产率。组织应重点识别三类能力:

(1)**智能生产与现场作业管控能力**,即面向生产全过程、作业现场全场景开展集成互联和精准管控,提升全面感知、实时分析、动态调整和自适应优化等能力。

(2)**数字化运营管理能力**,即推动经营管理各项活动开展数据贯通和集成运作,提升数据驱动的一体化柔性运营管理和智能辅助决策等能力。

(3)**信息安全管理能力**,面向生产全过程、作业全场景、运营管理各项活动,开展信息安全动态监测和分级分类管理等,提升信息安全防护和主动防御等能力。

三、与价值创造对象有关的能力

该视角与价值创造的对象有关,主要包括用户服务能力等。组织需加强售前需求定义、售中快速响应和售后增值服务等全链条用户服务,最大化为用户创造价值,提高用户满意度和忠诚度。组织应重点识别三类能力:

（1）**需求定义**能力，即基于用户画像开展个性化、场景化的用户需求分析与优化，提升精准定位、引导乃至定义用户需求等能力。

（2）**快速响应**能力，即以用户为中心构建端到端的响应网络，提升快速、动态、精准响应和满足用户需求等能力。

（3）**增值服务**能力，即基于售前、售中、售后数据共享和业务集成，创新服务场景，提升延伸服务、跨界服务、超预期增值服务等能力。

四、与价值创造的合作伙伴有关的能力

该视角与价值创造的合作伙伴有关，主要包括生态合作能力等。组织需加强与供应链上下游、用户、技术和服务提供商等合作伙伴之间的资源、能力和业务合作，构建优势互补、合作共赢的协作网络，形成良性迭代、可持续发展的市场生态。组织应重点识别两类能力：

（1）**供应链协同**能力，即与供应链上下游合作伙伴实现在线数据、能力和业务协同，提升整个供应链精准协作和动态调整优化等能力。

（2）**生态共建**能力，即与生态合作伙伴实现在线数据、能力和业务认知协同，提升整个生态圈资源和能力的按需共享、在线智能交易和自学习优化等能力。

五、与价值创造的主体有关的能力

该视角与价值创造的主体有关,主要包括员工赋能能力等。组织需充分认识到员工已从"经济人""社会人"向"知识人""合伙人"转变,需不断加强价值导向的人才培养与开发,赋予员工价值创造的技能和知识,最大程度激发员工价值创造的主动性和潜能。组织应重点识别两类能力:

(1)**人才开发能力**,即以价值创造结果为导向开展人才精准培养、使用和考核,提升人才价值全面可量化、可优化等能力。

(2)**知识赋能能力**,即基于平台为员工提供知识共享和个性化知识服务,帮助员工快速胜任需求,培养员工差异化技能,提升全员创新等能力。

六、与价值创造的驱动要素有关的能力

该视角与价值创造的驱动要素有关,主要包括数据开发能力等。组织需将数据作为关键资源、核心资产进行有效管理和运营,充分发挥数据作为创新驱动核心要素的潜能,深入挖掘数据作用,开辟价值增长新空间。组织应重点识别两类能力:

(1)**数据管理能力**,即开展跨部门、跨组织(企业)、跨产业数据全生命周期管理,提升数据集成管理、协同利用和

价值挖掘等能力。

（2）**数字业务能力**，即基于数据资产化运营，提供数字资源、数字知识和数字能力服务，提升培育发展数字新业务等能力。

六个新型能力的主要视角共同构成相互协作、融合创新的能力空间，每个组织参考各视角识别并打造的新型能力共同形成数字经济时代的新型能力体系。随着能力等级的不断提升，新型能力会不断进化，各新型能力之间交叉融合的广度和深度也会不断拓展，推动组织加速向数字组织（企业）、生态组织迈进。

第十一章　新型能力的分解与组合

依据发展战略，组织需将识别的新型能力建设总体需求逐级细化分解，明确细分能力所对应的能力单元建设要求，然后，基于所构建的能力单元，按特定价值效益需求开展能力单元组合，基于能力单元组合实现能力协同和能力进化，最终构建全组织（企业）的新型能力体系。

一、新型能力分解与组合的过程

新型能力分解与组合过程如图 22 所示。

一是以发展战略中的竞争合作优势、业务场景、价值模式等需求为输入，参考价值效益分类体系，分析并确定价值体系优化、创新和重构的总体需求，在此基础上参考与价值创造的载体、过程、对象、合作伙伴、主体、驱动要素等有关的新型能力的主要视角，识别并确定新型能力建设的总体需求。

第三篇　数字化转型　新型能力体系建设指南

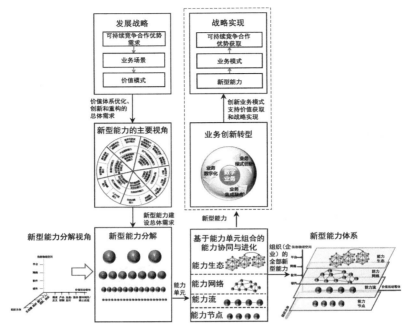

图 22　新型能力分解与组合过程

二是参考组织主体、价值活动客体、信息物理空间等新型能力分解的主要视角，对新型能力建设的总体需求进行逐级分解和细化，将各新型能力及相对应的价值效益需求分解至不能或不必再分解为止，这些细分的新型能力应对应明确的组织边界、价值活动、基础设施与资源环境。

三是以能力单元承载不能或不必再分解的新型能力，根据新型能力和相应的价值效益需求，从过程维、要素维、管理维三方面系统策划和构建能力单元。

第十一章　新型能力的分解与组合

四是根据业务创新转型和特定价值效益需求，分析并确定能够支撑获取预期价值效益成效的细分能力对应的能力单元集合，参考能力单元组合范式，基于价值流、信息流等构建相关细分能力对应能力单元之间的相互协同和协作关系，构建形成面向特定价值效益的能力单元组合。

五是基于能力单元组合推动新型能力的协同建设，推进新型能力的模块化、数字化和平台化，支持能力节点、能力流、能力网络、能力生态等类型新型能力的不断发展进化。

六是服务于战略实现，支持价值体系优化、创新和重构，建设覆盖全组织（企业）的能力单元组合的集合，承载组织（企业）全部新型能力，构建形成新型能力体系。

二、基于能力单元组合的新型能力协同范式

根据业务创新转型和特定价值效益需求所构建的能力单元组合，即能力模块，承载了各能力单元对应的、支撑获取预期价值效益成效的相关细分能力，并支持和推动相关细分能力之间形成协同和协作关系。能力单元组合的方式不同，即能力模块的类型不同，其所承载细分能力之间就会形成不同类型的协同和协作关系。参考能力单元组合的四种范式，即能力模块的四种类型，其所承载的新型能力协同范式也可分为独立型、流程型、网络型、生态型，分别对应能力节点、能力流、能力网络、能力生态，如图 23 所示。

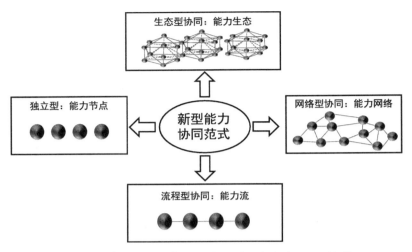

图 23 基于能力单元组合的新型能力协同范式

（一）独立型的能力节点

独立能力单元承载不能或不必再细分的单一新型能力。基于能力单元建设，推动能力节点的模块化、数字化和平台化，支持各类业务按需调用和灵活使用能力节点，以能力赋能业务轻量化、柔性化、社会化发展。

（二）实现能力节点流程型协同的能力流

流程型能力模块承载能力流。基于流程型能力模块建设，沿着业务链、供应链、产业链等构建能力流，实现能力节点之间流程化协调联动，赋能相关业务实现流程化动态集成和协同优化。

（三）实现能力节点网络型协同的能力网络

网络型能力模块承载能力网络。基于网络型能力模块建设，实现能力节点之间网络化动态协同协作，赋能网络化协同、服务化延伸、个性化定制等网络化业务模式的创新和发展。

（四）实现能力节点生态型协同的能力生态

生态型能力模块承载能力生态。基于生态型能力模块建设，实现生态合作伙伴相关能力节点之间在线认知协同，赋能社会化、泛在化、按需供给的业务生态共建、共创和共享，培育壮大数字业务等新业态。

三、基于能力单元组合的能力进化

数字经济时代的新型能力是数字化生存和发展能力，通过利用新一代信息技术建立、提升、整合、重构组织的内外部能力，赋能业务加速创新转型，构建竞争合作新优势，改造提升传统动能，形成新动能，不断创造新价值，实现新发展。随着新一代信息技术的迅猛发展，新型能力也不断加速发展和演变。通过不断加强能力单元过程维、要素维和管理维的协调优化和互动创新，不断优化能力单元组合，紧抓技术革命、组织管理变革带来的重大机遇，激发相关能力节点之间的叠加效应、聚合效应和倍增效应，有效推进能力节点、能力流、能力网络、能力生态的发展进化。

（一）能力节点的迭代进化

能力节点由独立能力单元承载，其发展进化将主要得益于基于新一代信息技术发展演进和有效应用、不断优化的能力单元所对应的系统性解决方案，以及不断完善的能力单元所对应的治理体系。能力节点一般归属于新型能力的主要视角中的一个视角，随着能力节点不断进化，其所归属的视角一般不会发生改变。

（二）能力流的迭代进化

能力流由流程型能力模块承载，其发展进化将主要得益于基于相关能力节点之间流程化协调联动及其迭代优化所形成的叠加效应、聚合效应和倍增效应。能力流一般也归属于新型能力的主要视角中的一个视角，随着能力流不断进化，必要时会跨多个视角。

（三）能力网络的迭代进化

能力网络由网络型能力模块承载，其发展进化将主要得益于基于相关能力节点之间网络化动态协同协作及其迭代优化所形成的叠加效应、聚合效应和倍增效应，特定条件下可衍生出应急响应能力、快速转产能力等新型能力。能力网络一般不会归属于新型能力的主要视角中的一个视角，而是跨多个视角，随着能力网络不断进化，其覆盖范围逐步扩大到整个组织，必要时，可动态连接到相关合作伙伴。

（四）能力生态的迭代进化

能力生态由生态型能力模块承载，其发展进化将主要得益于基于生态合作伙伴相关能力节点之间在线认知协同及其迭代优化所形成的叠加效应、聚合效应和倍增效应，特定条件下可衍生出反脆弱能力、原始创新能力等新型能力。能力生态一般不会归属于新型能力的主要视角中的一个视角，也不会局限于组织内部，而是实现跨多个视角和生态合作伙伴，随着能力生态不断进化，其覆盖范围逐步扩大到整个生态圈。

第十二章 能力单元的建设

能力单元承载不能或不必再分解的新型能力，是价值创造和传递的基本单元，能力模块是能力单元的组合。应从过程维、要素维、管理维三方面入手，系统性策划和构建能力单元/能力模块建设、运行和优化的过程管控机制、系统性解决方案和治理体系。能力单元/能力模块的建设是一项系统工程，既涉及过程管控机制的建立与优化（对应过程维建设重点），也涉及系统性解决方案的技术实现（对应要素维建设重点），还涉及组织层面治理体系的调整完善（对应管理维建设重点）。

一、过程维建设重点

为确保能力单元/能力模块建设与运行过程可管可控、可持续优化，应建立包含策划，支持、实施与运行，评测，改进的 PDCA 过程管控机制，并基于该过程管控机制推动能力单元/能力模块相关系统性解决方案和治理体系的构建与持续优化，以及二者之间的协调融合与互动创新，从而支持预期价值效益的稳定获取。能力单元/能力模块过程维的主要活动如下。

（一）策划

主要涉及过程管控机制策划、系统性解决方案策划以及治理体系策划等方面内容。

（1）**过程管控机制策划**，即对策划，支持、实施与运行，评测，改进等 PDCA 过程管控机制的具体需求和实现路径进行综合分析，策划能力单元/能力模块相对应的过程管控机制。

（2）**系统性解决方案策划**，即对数据、技术、流程、组织等四要素及其互动创新和持续优化的具体需求和实现路径进行系统分析，策划能力单元/能力模块相对应的系统性解决方案。

（3）**治理体系策划**，即对数字化治理、组织机制、管理方式、组织文化等四方面及其互动创新和持续优化的具体需求、实现路径进行体系化分析，策划能力单元/能力模块相对应的治理体系。

（二）支持、实施与运行

主要涉及能力单元/能力模块建设、运行和优化的支持条件建设，以及实施与运行机制建立等方面内容。

（1）**支持条件建设**，即按照策划的过程管控机制、系统性解决方案和治理体系，对支持条件和资源统筹配置、评估、维护和优化做出制度性安排，确保其持续供给、适宜和有效。

（2）**实施与运行机制建立**，即对策划的过程管控机制、系统性解决方案和治理体系的实施与运行过程等进行规范管理，明确相关方的职责与权限，建立沟通和协调机制，推进能力单元/能力模块建设与运行过程中过程管控机制、系统性解决方案和治理体系之间的相互协调和动态匹配。

（三）评测

主要涉及能力单元/能力模块建设、运行和优化的过程与结果等方面的评测。

（1）**能力单元/能力模块建设、运行和优化过程评测**，应建立适宜的评价诊断机制，充分利用数字化技术等手段对能力单元/能力模块建设、运行、优化的全过程进行动态跟踪、分析、评价和诊断，识别持续改进的需求和机会。

（2）**能力单元/能力模块打造结果评测**，对能力单元/能力模块达成的新型能力打造等目标进行量化跟踪、分析、评价和诊断，识别预期新型能力打造目标的实现程度，与行业、国内、国际等竞争对手对标，确定新型能力的领先程度或存在的差距，识别持续改进的需求和机会。

（四）改进

组织应建立健全持续改进的机制，针对评测过程中发现能力单元/能力模块建设、运行和优化过程存在的不足以及新型能力存在的差距等,确定并选择持续改进的需求和机会,采取必要的纠正措施、预防措施,不断推动能力单元/能力模块建设、运行和优化,促进能力等级迭代升级。

二、要素维建设重点

为提升能力单元/能力模块解决方案的系统性和体系性,系统性解决方案应涵盖数据、技术、流程、组织等四个要素,并要实现四要素互动创新和持续优化。能力单元/能力模块要素维的主要活动如下。

(一)数据

应从数据采集、数据集成与共享、数据应用等方面入手,激发数据要素的创新驱动潜能,以数据为驱动不断加速和深化数据、技术、流程、组织等要素的互动创新。

(1)**数据采集**,即根据拟打造的新型能力,明确能力单元/能力模块数据采集利用的需求,对跨时间、跨职能、跨层次的数据累积、清理和重构做出适宜安排,采用适宜手段(在线)自动采集设备设施、业务活动、供应链/产业链、产品生命周期过程、产业生态合作伙伴等方面数据。

(2)**数据集成与共享**,即根据能力建设、运行和优化需要,推动主要数据的标准化和规范化,利用数据接口、数据交换平台等开展多源异构数据的在线交换和集成共享。

（3）**数据应用**，即按需开发并部署单元级、流程级、网络级、生态级等数据模型，充分挖掘数据内在价值，丰富数据应用场景，以数据的模型化、知识化、软件化驱动基于模型的产品、设备、运营、决策等应用优化。

（二）技术

按照能力单元/能力模块建设、运行和优化需求，围绕设备设施、信息技术（IT）软硬件、网络、平台等方面技术应用要求，采用适宜的方式开展技术实现、技术集成与融合，以及技术能力的封装、灵活部署应用等。

（1）**设备设施**，即逐步提升设备设施的自动化、数字化、网络化和智能化水平，不断强化设备设施与业务应用系统集成互联、互操作，必要时推动设备设施社会化按需共享，加强新技术、新材料、新工艺、新装备等产业技术创新与应用。

（2）**IT 软硬件应用**，即根据能力单元/能力模块建设、运行和优化开展 IT 软硬件应用，高度重视软硬件系统间集成融合需求，以及基于组件化、平台化、社会化的按需开发和共享利用。

（3）**网络**，即根据信息（数据）传递与共享、业务协同等方面需求，在生产/服务区域部署适宜的 IT 网络、运营技术（OT）网络，逐步推动异构网络融合、互联互通互操作，有效支撑物与物、人与物、人与人的广泛连接。

（4）**平台**，即自建或应用第三方平台，开展业务系统上云，以及业务基础资源和能力的模块化、平台化部署，有力支撑内外部资源、能力的按需、高效共享利用。

（三）流程

从业务流程设计、业务流程管控等方面，对能力单元/能力模块涉及的业务流程进行梳理、规范、调整和优化。

（1）**业务流程设计**，即围绕能力单元/能力模块打造目标，梳理和规范现有相关业务流程，确定拟调整优化的关键点和范围，对照能力等级需求，按需开展部门级流程、跨部门/跨层级流程、核心业务端到端流程以及产业生态合作伙伴间端到端流程等的优化设计，优化设计应涵盖流程运行相关的技术要求和数据信息流程文件等。

（2）**业务流程管控**，应采取适宜的措施，加强与相关方的沟通协调，妥善处理业务流程优化执行过程中产生的利益分歧，积极采用信息化手段开展业务流程的运行状态跟踪、过程管控和动态优化。

（四）组织

围绕业务流程优化的要求，开展有关职能职责的调整，并对相关人员角色变动以及岗位优化配置做出妥善安排。

（1）**职能职责调整**。开展职能职责调整时，组织应根据业务流程优化要求建立业务流程职责，以业务流程职责为牵引梳理和调整部门职责,将业务流程职责和部门职责落实到岗位职责,建立业务流程职责、部门职责、岗位职责的协调运转机制,以确保业务流程的高效运行。

(2)**人员优化配置**。按照调整后的职能职责和岗位胜任要求,在全组织范围内开展员工岗位胜任力分析,推进人员按需调岗,不断提升岗位人员优化配置水平。

三、管理维建设重点

为提升能力单元/能力模块管理保障水平,应从数字化治理、组织机制、管理方式、组织文化等方面建立完善治理体系,并以过程管控机制为纽带,不断增强治理体系与系统性解决方案之间的协调性和适宜性,确保能力单元/能力模块高效建设、有序运行和持续优化。能力单元/能力模块管理维的主要活动如下。

(一)数字化治理

从数字化治理制度、数字化领导力、数字化人才、数字化资金、安全可控等方面,建立与能力单元/能力模块相匹配的数字化治理体系,推动人、财、物,以及数据、技术、流程、组织等资源、要素和活动的统筹协调、协同创新和持续改进,强化安全可控技术应用以及安全可控、信息安全等相关管理机制的建设与持续改进。

（1）**数字化治理制度**。根据能力单元/能力模块所涉及的治理范围和治理要求，明确数字化治理的制度性安排，推动数据、技术、流程、组织等四要素的协同管理和动态优化。

（2）**数字化领导力**。根据能力单元/能力模块建设、运行和优化对领导者职位层级及其数字化领导力的需求，采用适宜的方式培养、选拔和任用具有数字化转型洞察力、判断力及决策力的领导者，按需建立并优化由组织一把手、决策层成员、各级部门领导、生态合作伙伴领导共同组成的领导和协调机制。

（3）**数字化人才**。加强能力单元/能力模块所涉及人员的数字化理念和技能培养，推动人才的个性化发展，建立完善按贡献分配的人才绩效考核和晋升机制，创新跨组织（企业）人才共享模式，充分激发人力资本潜能。

（4）**数字化资金**。对能力单元/能力模块建设、运行和优化相关资金需求做出制度性、长期性安排，推动相关资金的统筹协调利用、全局优化调整、动态协同管理和量化精准核算，确保资金投入的稳定性、持续性，避免投入不足、过度投入以及重建设轻维护等。

（5）**安全可控**。一方面，针对支持能力单元/能力模块建设、运行和优化等过程中涉及的系统性解决方案，制定并实施安全可控路线图，在核心关键技术、设备设施、业务系统、集成平台等方面优先应用、部署或自行研发安全可控的技术或产品,适宜时,不断提升产业链/产业生态合作的安全可控水平;另一方面,围绕网络安全、系统安全、数据安全等信息安全问题,采用适宜的信息安全防护技术手段,建立安全防护制度和管理措施,不断提升信息安全主动性防御水平。

(二)组织机制

从组织结构设置机制、职能职责调整机制等方面,建立与能力单元/能力模块建设、运行和优化相匹配的组织机制。

(1)**组织结构设置机制**。顺应市场动态化、需求个性化等趋势和要求,根据不同能力单元/能力模块对应新型能力类型和等级的差异化需求,推动流程化、网络化、生态化的柔性组织建设,建立基于数据的动态反馈和优化机制,适应新型能力螺旋式跃升对组织变革的要求。

(2)**职能职责调整机制**。应根据能力单元/能力模块所涉及的层级和范围,建立职能职责的按需设置、动态分工、优化调整以及相关职能职责之间沟通协调的制度和机制。

(三)管理方式

从管理方式创新、员工工作模式变革等方面,建立与能力单元/能力模块建设、运行和优化相匹配的管理方式。

(1)**管理方式创新**。根据不同能力单元/能力模块对应新型能力类型和等级的差异化需求,推动职能驱动的科层制管理向流程驱动的矩阵式管理、数据驱动的网络型管理、智能驱动的价值生态共生管理等管理方式转变，持续改进管理要素计划、组织、协调、控制和指挥的范围、精细度、自组织、自优化水平等。

（2）**员工工作模式变革**。采用数字化、平台化等适宜的方式和手段，赋能员工按需履行职能职责，推动员工自组织、自学习、主动有效完成创造性工作，实现员工与组织共同成长。

（四）组织文化

从价值观、行为准则等方面，建立与能力单元/能力模块建设、运行和优化相匹配的组织文化，把数字化转型战略愿景转变为员工主动创新的自觉行为。

（1）**价值观**。积极应对新一代信息技术引发的变革，践行创新、协调、绿色、开放、共享理念，形成开放包容、创新引领、主动求变、务求实效的价值观。

（2）**行为准则**。制定与价值观相匹配的行为准则和指导规范，将相关要求融入业务流程优化、职能职责调整等过程，并利用数字化、平台化等手段工具，支持行为准则和指导规范的有效执行和迭代优化。

第十三章 新型能力的分级建设

新型能力的建设是一个循序渐进、持续迭代的过程，对照数字化转型的五个发展阶段，可将新型能力的等级由低到高划分为 CL1（初始级）、CL2（单元级）、CL3（流程级）、CL4（网络级）和 CL5（生态级）五个等级，不同等级新型能力呈现不同的状态特征，所对应能力单元/能力模块的过程维、要素维、管理维也具有不同的建设重点，如图 24 所示。其中，CL2（单元级）能力一般呈现为能力节点，通常归属于新型能力主要视角中的一个视角。CL3（流程级）能力一般呈现为能力流，通常归属于新型能力主要视角中的一个视角，适宜时会跨多个视角。CL4（网络级）能力一般呈现为能力网络，通常跨新型能力主要视角中的多个视角，覆盖组织全局，适宜时可覆盖相关生态合作伙伴。CL5（生态级）能力一般呈现为能力生态，通常跨新型能力主要视角中的多个视角，覆盖范围从组织全局扩展至生态圈。

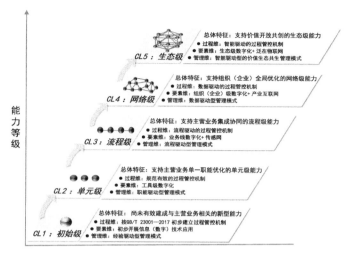

图 24 不同等级能力的特征及分级建设重点

一、CL1（初始级）能力建设重点

CL1（初始级）能力的总体特征为：新型能力的建设、运行和优化总体处于初始阶段，尚未有效建成主营业务范围内的新型能力。所对应能力单元/能力模块的过程维、要素维、管理维建设重点分别如下。

（一）过程维

开展策划，支持、实施与运行，评测，改进等 PDCA 活动，围绕信息（数字）技术应用等相关新型能力的建设、运行和优化初步建立过程管控机制。

（二）要素维

在单一职能范围内初步开展信息（数字）技术应用，但尚未有效发挥信息技术赋能作用。初步开展基于信息（数字）技术的（系统性）解决方案的策划与实施，但尚未有效支持和优化主营业务范围内的生产经营管理活动。

（三）管理维

主要以经验驱动开展组织管理，初步开展与信息（数字）技术应用有关的数字化治理、组织机制、管理方式和组织文化等治理体系建设。

二、CL2（单元级）能力建设重点

CL2（单元级）能力的总体特征为：聚焦特定部门或业务环节，建成支持主营业务单一职能优化的单元级能力，能够规范有序开展职能驱动型的能力打造过程管理、符合 GB/T 23001—2017 标准的要求，通过能力建设、运行和优化主要达成效率提升、成本降低、质量提高等预期价值效益目标。所对应能力单元/能力模块的过程维、要素维、管理维建设重点分别如下。

（一）过程维

按照 GB/T 23001—2017 的要求，围绕能力建设、运行和优化，规范有序开展策划，支持、实施与运行，评测，改进等活动，形成职能驱动型的 PDCA 过程管控机制。建设重点见表1。

表1 CL2（单元级）能力所对应能力单元/能力模块过程维建设重点

过程维	具体事项	建设重点
策划	可持续竞争合作优势分析	将（新一代）信息技术应用相关内容纳入发展战略或专项规划
		按照 GB/T 23001—2017 的要求，规范开展内外部环境分析，开展数字化转型诊断对标等工作，确认与其战略匹配的可持续竞争合作优势、业务数字化和价值模式等需求
		按照 GB/T 23001—2017 要求，建立、实施、保持和持续改进职能驱动型两化融合管理体系，明确能力打造的过程及其相互作用关系
	新型能力（体系）策划	系统识别并确定拟打造的单元级新型能力（体系）及相应的能力单元/能力模块，将单元级新型能力（体系）作为相关战略规划的内容
		以实现效率提升、成本降低、质量提高为重点，识别并确认单元级能力打造的价值效益目标
	过程管控机制策划	开展职能驱动型的策划，支持、实施与运行、评测，改进 PDCA 过程管控机制策划

续表

过程维	具体事项	建设重点
策划	系统性解决方案策划	按照 GB/T 23001—2017 的要求，依据单元级能力打造需求，开展系统性解决方案策划，明确数据、技术、流程、组织等四要素互动创新和持续优化的需求和实现方法
策划	治理体系策划	依据单元级能力打造需求，开展必要的治理体系变革诊断与策划，明确数字化治理、组织机制、管理方式、组织文化等互动创新和持续优化的需求和实现方法
支持、实施与运行	支持条件建设	按照 GB/T 23001—2017 的要求，建立并执行职能驱动型支持条件建设制度，规范开展资金、人才、设备设施、信息资源等的投入保障和管理
支持、实施与运行	实施与运行	建立并执行职能驱动型的实施与运行过程管理要求，加强与相关方的沟通和协调，系统推进过程管控机制、系统性解决方案和治理体系的建设、实施、运行与优化
评测	评测过程管控机制	建立职能驱动型评测机制，对评测过程进行策划和安排，实现部分关键绩效指标量化跟踪、分析、诊断和管理
评测	价值效益评测	对通过单元级能力打造实现业务数字化，达到预期价值效益目标的情况进行跟踪、分析、诊断对标、评价和考核等
改进	改进	建立职能驱动型持续改进的机制，持续开展改进活动

（二）要素维

形成工具级数字化的系统性解决方案，覆盖数据、技术、流程和组织等四要素，能够有效开展主营业务单一职能范围内的数据采集、技术应用、流程优化和职能职责调整，支持特定领域或业务环节数字化。建设重点见表2。

表2　CL2（单元级）能力所对应能力单元/能力模块要素维建设重点

要素维	具体事项	建设重点
流程	业务流程设计	围绕单元级能力打造，完成特定部门或业务环节的业务流程优化
		形成业务流程设计文件，对涉及的业务活动和岗位/角色进行界定
	业务流程管控	应用数字化技术手段支持以部门为对象的业务流程运行管控，实现业务流程"规范化"管理
组织	职能职责调整	根据业务流程优化要求，完成业务部门或特定管理层级的部门与岗位等职能职责调整
技术	设备设施	根据单元级能力打造需求，对设备设施进行必要的自动化、数字化、网络化改造升级
	IT软硬件	对IT软硬件基础设施进行统一规划、集中管理
		根据单元级能力打造需求，在研发、生产、服务等特定环节应用必要的信息系统
	网络	根据单元级能力打造需求，在办公区域部署适宜的IT网络，在生产现场部署适宜的OT网络
	平台	具备上云上平台意愿，建设或应用计算、存储等云基础设施

续表

要素维	具体事项	建设重点
数据	数据采集	自动采集单元级能力所对应职能范围内所需的核心数据
	数据集成与共享	完成特定部门、特定业务领域或环节数据的标准化
	数据应用	构建单元级数据模型,支持主营业务单一职能范围内的生产经营活动

(三)管理维

建立单一职能范围内(新一代)信息技术应用的管理制度,形成职能驱动型管理模式,构建基于"经济人"假设的组织文化,有效支撑单元级能力打造。建设重点见表3。

表3 CL2(单元级)能力所对应能力单元/能力模块管理维建设重点

管理维	具体事项	建设重点
数字化治理	数字化治理制度	建立(新一代)信息技术的单项应用和运维管理等制度
	数字化领导力	由决策层领导担任(新一代)信息技术应用的主管领导,重视并可根据组织的实际情况推动(新一代)信息技术应用
		最高管理者、管理者代表等组织决策层领导能够准确理解职能驱动型两化融合管理体系,以及以单元级能力为主线的数字化转型机理和方法
		最高管理者、管理者代表及相关人员职能化的职责和权限得到合理划分和规定,形成长期性制度安排,并得到有效沟通、理解和执行

续表

管理维	具体事项	建设重点
数字化治理	数字化人才	设立数字化岗位,开展数字化人才的招聘、培养和考核
	数字化资金	围绕单元级能力打造,将资金投入纳入组织的相关财务预算,确保资金投入适宜、及时、持续和有效
	安全可控	在关键环节采用或自主研发安全可控的技术、产品或解决方案等
		采用必要的信息安全技术和手段,并建立信息安全管理和防范机制
组织机制	组织结构设置机制	采用直线职能制结构,或职能驱动型的事业部制
	职能职责调整机制	设置专责部门,主要负责(新一代)信息技术应用
管理方式	管理方式创新	采用职能驱动的科层制管理方式,开展数字化辅助管理决策
	员工工作模式变革	提升员工数字技能,利用软件系统降低工作复杂度,提高员工业务执行行为的规范性和一致性
组织文化	组织文化模式	主要采用基于"经济人"假设的组织文化,用信息技术手段辅助员工贯彻执行行为准则

三、CL3（流程级）能力建设重点

CL3（流程级）能力的总体特征为：聚焦跨部门或跨业务环节，建成支持主营业务集成协同的流程级能力，能够规范有效开展流程驱动型的能力打造过程管理，且支持过程管理动态优化，通过能力建设、运行和优化主要实现现有业务效率提升、成本降低、质量提高，并有效拓展延伸业务。所对应能力单元/能力模块的过程维、要素维、管理维建设重点分别如下。

（一）过程维

按照 GB/T 23001—2017 的要求，围绕能力建设、运行和优化，规范有效开展策划，支持、实施与运行，评测，改进等活动，形成流程驱动型的 PDCA 过程管控机制，实现对能力建设和运行关键过程的量化跟踪和分析优化。建设重点见表4。

表4　CL3（流程级）能力所对应能力单元/能力模块过程维建设重点

过程维	具体事项	建设重点
策划	可持续竞争合作优势分析	以实现主营业务综合集成为核心制定两化融合、数字化转型的专项战略规划，建立并执行战略实施、评价与改进机制
		按照 GB/T 23001—2017 的要求，建立可持续竞争合作优势识别、获取、改进的制度机制安排，规范开展内外部环境分析、数字化转型诊断对标等工作，有效识别确认与其战略匹配的可持续竞争合作优势、业务集成融合和价值模式等需求
		按照 GB/T 23001—2017 的要求，建立、实施、保持和持续改进流程驱动型两化融合管理体系，明确能力打造的过程及其相互作用关系，基于部分关键过程的量化跟踪，优化闭环管理

第十三章 新型能力的分级建设

续表

过程维	具体事项	建设重点
策划	新型能力（体系）策划	系统识别并确定拟打造的流程级新型能力（体系）及相关能力单元／能力模块，形成能力打造路线图，明确能力类型、等级需求、优先级等，将流程级新型能力体系作为发展战略或专项规划的重要内容
		识别并确认流程级能力打造的价值效益目标，主要以强化智能生产运营，实现效率提升、成本降低、质量提高为重点，同时探索延伸业务，通过产品／服务创新，追求主营业务增长
	过程管控机制策划	开展流程驱动型的策划，支持、实施与运行，评测，改进 PDCA 过程管控机制策划
	系统性解决方案策划	按照 GB/T 23001—2017 的要求，依据流程级能力打造需求，开展系统性解决方案策划，明确数据、技术、流程、组织等要素互动创新和持续优化需求及实现方法，形成涵盖系统性解决方案策划、实施和改进等的路线图
	治理体系策划	依据流程级能力打造需求，开展必要的治理体系变革诊断与策划，形成管理模式变革的愿景、需求和实施路径，明确数字化治理、组织机制、管理方式、组织文化等互动创新和持续优化需求和实现方法
支持、实施与运行	支持条件建设	按照 GB/T 23001—2017 的要求，建立并执行流程驱动型支持条件建设制度，规范有效开展资金、人才、设备设施、信息资源等的投入保障和管理优化，将有关安排纳入组织（企业）级规划和绩效考核

续表

过程维	具体事项	建设重点
支持、实施与运行	实施与运行	建立并执行流动驱动型实施与运行过程管理要求，加强与相关方的沟通和协调，系统推进过程管控机制、系统性解决方案和治理体系的建设、实施、运行与优化
评测	评测过程管控机制	建立流程驱动型评测机制，对评测过程进行系统性的策划和安排，规范有效开展绩效评测与改进，实现主要业务流程相关绩效指标的量化跟踪、分析、诊断和管理
	价值效益评测	对通过流程级能力打造实现业务集成融合，达到预期价值效益目标的情况进行量化跟踪、分析、诊断对标、评价和考核
改进	改进	建立流程化的持续改进机制，持续开展改进活动

（二）要素维

形成业务线数字化和基于传感网的系统性解决方案，能够有效实现跨部门、跨业务环节的数据集成与共享利用、技术集成融合应用、流程贯通与优化、职能职责协同调整等，支持跨部门、跨业务环节的业务集成融合。建设重点见表5。

表5　CL3（流程级）能力所对应能力单元/能力模块要素维建设重点

要素维	具体事项	建设重点
流程	业务流程设计	围绕流程级能力打造，开展跨部门、跨层级的业务流程优化设计，跨部门流程节点能细化到岗位/角色
		形成细化到业务活动和岗位/角色的流程文件

第十三章 新型能力的分级建设

续表

要素维	具体事项	建设重点
流程	业务流程管控	流程有明确的负责人,负责流程的优化、实施和监督执行
		应用新一代信息技术实现跨部门跨层级的业务流程状态跟踪和在线过程管控
组织	职能职责调整	按照业务流程优化需要,建立跨部门跨层级的业务流程职责,匹配调整有关的部门与岗位等职责
技术	设备设施	根据流程级能力打造需求,对设备设施进行必要的数字化、网络化改造升级,关键设备设施之间实现互联互通和集成优化
		根据流程级能力打造需求,关键设备设施与经营管理层IT系统实现集成
	IT软硬件	对IT软硬件基础设施进行统一规划、集中管理、综合集成和优化利用
		在研发、生产、服务等特定环节应用必要的信息系统,并实现业务系统之间的集成运作
	网络	根据流程级能力打造需求,部署适宜的IT网络、OT网络
		根据业务集成的需求,相关环节的IT网络和OT网络实现互联互通
	平台	初步开展上平台用平台工作,采用自建或第三方平台推进业务上云
数据	数据采集	能够在相关业务流程范围内自动采集组织(企业)运行各环节的主要数据
	数据集成与共享	完成业务线内产品、物料、人员等主数据的标准化
		开展主要业务系统的数据整合,实现跨部门数据共享

续表

要素维	具体事项	建设重点
数据	数据应用	实现主要产品、设备、工艺、业务等流程级数字化建模，支持优化流程级生产经营活动
		数据被当作实现价值效益的重要资产，在组织层面制定数据管理制度和流程，开展规范化、流程化管理

（三）管理维

建立跨部门或跨业务环节的流程化数字化治理体系，形成流程驱动型管理模式，构建基于"社会人"假设的组织文化，有效支撑流程级能力打造。建设重点见表6。

表6　CL3（流程级）能力所对应能力单元/能力模块管理维建设重点

管理维	具体事项	建设重点
数字化治理	数字化治理制度	建立流程驱动的数字化治理制度，实现主营业务流程相关的数据、技术、流程和组织等四要素的协同管理和动态优化
	数字化领导力	由决策层领导担任两化融合、数字化转型等相关工作的主管领导，能够主动把握数字化技术引发的业务集成融合机遇，推动数据、技术、流程和组织协调融合发展
		最高管理者、管理者代表等组织决策层领导，深刻理解流程驱动型两化融合管理体系，以及以流程型能力为主线的数字化转型机理和方法，主动推进数字化转型规划制定及工作落实

第十三章 新型能力的分级建设

续表

管理维	具体事项	建设重点
数字化治理	数字化领导力	最高管理者、管理者代表及相关人员流程化的职责和权限得到合理划分和规定，形成长期性制度安排，并得到有效沟通、理解和执行
	数字化人才	设立数字化岗位和职位系列，纳入人力资源体系，根据关键绩效指标（KPI）开展数字化人才绩效考核
	数字化资金	围绕流程级能力打造，设置数字化相关专项预算，确保资金投入适宜、及时、持续和有效
	安全可控	应用或自主研发安全可控的成套数字化设备设施、系统级关键技术产品或大型集成系统
		建立信息安全管理体系，采用必要的信息安全技术、手段和机制流程，对信息安全进行全过程管理和防范
组织机制	组织结构设置机制	建立流程驱动型的矩阵式组织
	职能职责调整机制	设置以专责部门为核心的跨部门组织体系，能够统筹协调相关业务部门协同推进业务集成融合
管理方式	管理方式创新	主要采用流程驱动型的矩阵式管理方式，能够进行流程驱动的跨部门、全流程的计划、组织、协调、控制和指挥的管理活动
	员工工作模式变革	利用业务流程系统赋能员工以业务流程职责为纽带，规范有效履行业务流程职责、部门职责和岗位职责，并与相关人员协同开展工作
组织文化	组织文化模式	主要采用基于"社会人"假设的组织文化，利用业务流程系统提升员工工作能效及协作水平，并在一定程度发挥员工主观能动性

四、CL4（网络级）能力建设重点

CL4（网络级）能力的总体特征为：聚焦组织全员、全要素和全过程，建成支持组织（企业）全局优化的网络级能力，能够按需开展数据驱动型的能力打造过程管理，通过能力建设、运行与优化，全面实现与产品/服务创新相关的新技术/新产品培育、服务延伸与增值、主营业务增长等，并有效开展业态转变，培育发展数字业务。所对应能力单元/能力模块的过程维、要素维、管理维建设重点分别如下。

（一）过程维

按照 GB/T 23001—2017 的要求，围绕能力建设、运行和优化，按需开展策划，支持、实施与运行，评测，改进等活动，形成数据驱动型的 PDCA 过程管控机制，对能力建设和运行的全过程进行量化跟踪和动态优化。建设重点见表 7。

表 7 CL4（网络级）能力所对应能力单元/能力模块过程维建设重点

过程维	具体事项	建设重点
策划	可持续竞争合作优势分析	制定以数字组织（企业）建设为核心内容的组织发展战略或专项战略规划，建立并执行战略实施、评价与改进机制

第十三章 新型能力的分级建设

续表

过程维	具体事项	建设重点
策划	可持续竞争合作优势分析	按照 GB/T 23001—2017 的要求，建立数据驱动的可持续竞争合作优势识别、获取、改进的制度机制安排，动态开展内外部环境分析、数字化转型诊断对标，有效识别确认与其战略匹配的可持续竞争合作优势、业务模式创新和价值模式需求
		按照 GB/T 23001—2017 的要求，建立、实施、保持和持续改进数据驱动型两化融合管理体系，明确能力打造的过程及其相互作用关系，基于全过程的动态跟踪和优化分析，实现能力打造的闭环、动态管控
	新型能力（体系）策划	系统识别并确定拟打造的网络级新型能力（体系）及相关能力单元/能力模块，形成能力打造路线图，明确能力类型、等级需求、优先级等，将网络级新型能力体系打造作为发展战略的核心内容
		识别并确认网络级能力建设的价值效益目标，聚焦于通过产品/服务创新全面实现新技术/新产品培育、服务延伸与增值、主营业务增长等，适宜时，培育发展数字业务
	过程管控机制策划	开展数据驱动型的策划、支持、实施与运行，评测，改进 PDCA 过程管控机制策划
	系统性解决方案策划	按照 GB/T 23001—2017 的要求，依据网络级能力打造需求，开展系统性解决方案策划，明确数据、技术、流程、组织等要素互动创新和动态优化需求和实现方法，形成涵盖系统性解决方案策划、实施和改进等的路线图

续表

过程维	具体事项	建设重点
策划	治理体系策划	依据网络级能力打造需求,开展必要的治理体系变革诊断与策划,形成管理模式变革的愿景、需求和实施路径,明确数字化治理、组织机制、管理方式、组织文化互动创新和动态优化的需求和实现方法
支持、实施与运行	支持条件建设	按照 GB/T 23001—2017 的要求,建立并执行数据驱动型支持条件建设制度,动态开展覆盖组织(企业)全局的资金、人才、设备设施、信息资源等的投入保障和管理,将有关安排纳入组织发展战略和绩效考核体系
	实施与运行	建立并执行数据驱动型的实施与运行过程管理要求,加强与相关方的沟通和协调,系统推进过程管控机制、系统性解决方案和治理体系的建设、实施、运行与优化
评测	评测过程管控机制	建立数据驱动型评测机制,对评测过程进行系统性的策划和安排,动态开展绩效评测与改进,实现数据驱动的业务全过程量化精准绩效管理
	价值效益评测	对通过网络级能力打造实现业务模式创新,达到预期价值效益目标的情况进行量化跟踪、分析、诊断对标、评价和考核
改进	改进	建立覆盖组织(企业)全局的数据驱动型持续改进机制,持续开展改进活动

(二)要素维

形成组织(企业)级数字化和基于产业互联网的系统性解决方案,能够构建组织(企业)级数字孪生系统,有效实

第十三章 新型能力的分级建设

现覆盖全组织（企业）的数据在线交换和动态集成共享、技术综合集成和融合创新、业务端到端流程动态优化、职能职责动态调整等，支持组织（企业）级业务模式创新。建设重点见表8。

表8 CL4（网络级）能力所对应能力单元/能力模块要素维建设重点

要素维	具体事项	建设重点
流程	业务流程设计	围绕网络级能力打造，开展覆盖组织（企业）全局的端到端业务流程体系
		形成基于模型的端到端流程设计文件，对流程节点、接口关系和数据流进行详细描述，明确流程与组织（企业）整体业务体系的关联关系
	业务流程管控	按需建立组织（企业）内端到端业务流程
		基于数据模型实现组织（企业）端到端业务流程的状态在线跟踪、过程管控和动态优化
组织	职能职责调整	基于数据分析和挖掘，驱动网络级能力所对应的业务流程职责调整，动态调整相关的部门（团队）和岗位等职责
技术	设备设施	利用组织（企业）级设备设施集控平台，实现对组织（企业）主要设备设施的全面互联互通互操作、自适应管理和智能辅助决策
		根据网络级能力打造需求，设备设施集控平台与其他应用系统平台实现集成互联、互操作
	IT软硬件	建立完整的数字组织（企业）系统架构，对IT硬件基础设施进行统一规划、集中管理、综合集成和优化利用，组织（企业）内部门间、业务环节间信息系统全面实现集成运作

续表

要素维	具体事项	建设重点
技术	网络	组织（企业）内IT网络、OT网络实现协议打通和网络互联，支持组织（企业）内主要设备设施、业务活动等的互联互通互操作
		按照网络级能力打造需求，组织内IT、OT网络与外部网络实现互联互通，支持跨组织（企业）信息共享和业务协同
	平台	采用自建或第三方平台，实现核心业务上云
		基础资源和能力实现模块化、平台化部署，可供组织（企业）动态调用和动态优化配置
数据	数据采集	在线自动获取全业务领域、全生命周期数据
	数据集成与共享	完成组织内数据全面集成，利用组织（企业）级数据交换平台开展多元异构数据在线交换和集成应用
	数据应用	实现组织（企业）级数字孪生体建模，构建数据驱动的运行模式，在组织级决策支持、流程优化、价值效益提升等方面发展核心作用
		组织决策层认识到数据是战略资产，构建完善覆盖全组织（企业）的数据治理体系，对数据管理效率和水平进行全面量化分析、自适应管控和动态优化

（三）管理维

建立覆盖全组织（企业）的数字组织（企业）治理体系，形成数据驱动型管理模式，构建基于"知识人"假设的组织文化，有效支撑网络级能力打造。建设重点见表9。

第十三章 新型能力的分级建设

表9 CL4（网络级）能力所对应能力单元/能力模块管理维建设重点

管理维	具体事项	建设重点
数字化治理	数字化治理制度	建立数据驱动的数字化治理体系，实现数据、技术、流程和组织等四要素的动态协同、优化和创新
	数字化领导力	由一把手直接负责数字化转型工作，领导数字组织（企业）建设、网络级新型能力体系建设，培育数字化转型文化
		主管领导对数字化转型的趋势和规律具有敏锐的战略洞察，能够主持制定并有效推动数字化转型战略规划的落实，加速组织变革，培育发展数字业务，构建完善数字组织（企业）
		建立最高管理者、管理者代表及相关人员数据驱动的职责、协调与沟通机制，形成长期性制度安排，各级领导作用的发挥可基于数据驱动实现动态协同和优化
		最高管理者、管理者代表及企业各级领导深刻理解数据驱动型两化融合管理体系，以及以网络级能力为主线的数字化转型机理和方法，合力推进数字化转型工作
	数字化人才	制定并实施数字化人才队伍建设规划，形成以价值贡献为导向的数字化人才选拔、任用、考核、薪酬和晋升激励制度
	数字化资金	围绕网络级能力打造，设立数字组织（企业）专项预算，确保资金投入适宜、及时、持续和有效

续表

管理维	具体事项	建设重点
数字化治理	安全可控	对安全可控解决方案进行统筹规划并形成路线图，应用或自主研发安全可控的核心关键技术、业务系统和相关设备设施等
		建立数据驱动的信息安全管理措施和制度体系，核心数据可控、安全事件可追溯、安全策略可视和运维自动化，实现主动性防御
组织机制	组织结构设置机制	采用数据驱动型的网络组织结构
	职能职责调整机制	按照数字组织（企业）架构设置覆盖企业全员、全要素、全过程的数字化转型职能职责及沟通协调机制
管理方式	管理方式创新	主要采用数据驱动的网络型管理方式，能够实现覆盖组织全员、全要素、全过程的自组织管理
		实现基于员工画像的员工动态化管理
	员工工作模式变革	能够基于移动化、社交化、知识化的数字化平台和数据挖掘应用，赋能员工动态履行职能职责，开展自我管理、自主学习和价值实现
组织文化	组织文化模式	主要采用基于"知识人"假设的创新型文化，员工成为组织核心资源，利用数字化的知识分享平台，提升员工创造力和对组织价值观的认同

五、CL5（生态级）能力建设重点

CL5（生态级）能力的总体特征为：聚焦跨组织（企业）、生态合作伙伴、用户等，建成支持价值开放共创的生态级能力，能够自组织开展智能驱动型的能力打造过程管理，通过能力建设与运行，全面实现与业态转变相关的用户/生态合作伙伴连接与赋能、数字新业务、绿色可持续发展等价值效益目标。所对应能力单元/能力模块的过程维、要素维、管理维建设重点分别如下。

（一）过程维

按照 GB/T 23001—2017 的要求，围绕能力建设、运行和优化，自组织开展策划，支持、实施与运行，评测，改进等活动，形成智能驱动型的 PDCA 过程管控机制，支持能力按需共建、共创、共享，以及能力的认知协同和自学习优化。建设重点见表 10。

表 10 CL5（生态级）能力所对应能力单元/能力模块过程维的建设重点

过程维	具体事项	建设重点
策划	可持续竞争合作优势分析	制定以构建共生共赢生态体系、发展壮大数字业务为主要目标的组织发展战略及生态圈发展战略，建立并执行战略实施、评价与改进机制
		按照 GB/T 23001—2017 的要求，建立可持续竞争合作优势识别、获取、改进的制度机制安排，联合生态合作伙伴，共同识别和确认与组织发展战略、生态圈发展战略匹配的可持续竞争合作优势、业态转变、数字业务和价值模式等需求

第三篇　数字化转型　新型能力体系建设指南

续表

过程维	具体事项	建设重点
策划	可持续竞争合作优势分析	按照 GB/T 23001—2017 的要求，建立、实施、保持和持续改进智能驱动型两化融合管理体系，明确能力打造的过程及其相互作用关系，基于全过程的实时跟踪和自学习优化，实现能力打造的按需、自适应、认知管控
	新型能力（体系）策划	联合生态合作伙伴，协同开展生态级新型能力体系识别与确认，明确能力类型、等级需求、优先级等，将生态级新型能力体系打造作为组织发展战略、生态圈发展战略的核心内容
		识别并确认生态级能力打造的价值效益目标，聚焦于通过加速业态转变，有效实现用户/生态合作伙伴连接与赋能、数字新业务、绿色可持续发展等
	过程管控机制策划	开展智能驱动型的策划，支持、实施与运行，评测，改进 PDCA 过程管控机制策划
	系统性解决方案策划	按照 GB/T 23001—2017 的要求，依据生态级能力打造需求，与生态合作伙伴协同开展系统性解决方案策划，明确跨组织（企业）的数据、技术、流程、组织等要素互动创新和自学习优化需求和实现方法，形成涵盖系统性解决方案策划、实施和改进等的路线图
	治理体系策划	依据生态级能力打造需求，与生态合作伙伴协同开展治理体系策划，形成管理模式变革的愿景、需求和实施路径，明确跨组织（企业）的数字化治理、组织机制、管理方式、组织文化等互动创新和自学习优化需求和实现方法

第十三章　新型能力的分级建设

续表

过程维	具体事项	建设重点
支持、实施与运行	支持条件建设	按照 GB/T 23001—2017 的要求，建立并执行智能驱动型支持条件建设制度，与生态合作伙伴建立联合资源保障机制，协同开展资金、人才、设备设施、信息资源等的投入保障和管理，将有关安排纳入组织发展战略和生态圈发展战略
	实施与运行	建立并执行智能驱动型实施与运行过程管理要求，加强与相关方的沟通和协调，系统推进过程管控机制、系统性解决方案和治理体系的建设、实施、运行与优化
评测	评测过程管控机制	建立智能驱动型评测机制，对评测过程进行系统性的策划和安排，实现覆盖生态合作伙伴、自学习优化的价值生态管理
	价值效益评测	对通过生态级能力打造实现业态转变、发展壮大数字业务、达到预期价值效益目标的情况进行评价、诊断和对标
改进	改进	建立覆盖组织及生态合作伙伴的智能驱动型持续改进机制，持续开展改进活动

（二）要素维

形成生态级数字化和基于泛在物联网的系统性解决方案，能够构建生态级信息物理系统，有效实现生态合作伙伴间数据按需互通和跨界共享，技术社会化开发和按需共享利用，跨组织（企业）/产生生态合作端到端流程自组织，职能职责按需调整和自学习优化，支持培育壮大数字新业务。建设重点见表 11。

表 11 CL5（生态级）能力所对应能力单元/能力模块要素维建设重点

要素维	具体事项	建设重点
流程	业务流程设计	围绕生态级能力打造，开展生态伙伴间的业务流程设计、协同和优化，按需建立生态合作伙伴间的端到端流程
		可支持生态圈端到端业务流程的数据建模和动态仿真
	业务流程管控	实现智能驱动的生态合作伙伴间端到端业务流程的在线智能跟踪、认知协同和自学习优化
组织	职能职责调整	基于认知分析，按需、智能、实时调整生态圈业务流程职责，并匹配调整组织内部门（团队）和岗位等职责
技术	设备设施	设备设施高度智能化，可实现认知协同
		与生态合作伙伴之间实现设备设施的在线实时管控、互动优化、智能决策和按需共享
	IT软硬件	建立组件化、可配置、开放灵活的智能云平台，支持 IT 软硬件的社会化开发和按需共享利用
	网络	组织内 OT 网络、IT 网络以及组织外互联网实现互联互通，实现生态合作伙伴之间物与物、物与人、人与人的互操作
	平台	组织成为社会化能力共享平台的核心贡献者，与合作伙伴共同实现生态基础资源和能力的平台部署、开放协作和按需利用
		基于工业互联网平台、数字孪生等构建覆盖生态合作伙伴的信息物理系统

续表

要素维	具体事项	建设重点
数据	数据采集	基于泛在连接,依托线上平台实现组织(企业)自有数据、供应链/产业链数据、生态合作伙伴关键数据、第三方数据等的在线按需汇聚
	数据集成与共享	共建社会化的数据交换平台,实现组织内、生态合作伙伴关键数据的按需集成与共享
	数据应用	数据成为业务转型、业态转变的核心驱动要素,可开展跨界利用,支持发展壮大数字新业务
		将数据作为组织生存和发展的根基,数据开发利用和管理能力成为组织核心能力

(三)管理维

建立覆盖组织(企业)全局及生态合作伙伴的生态圈数字化治理体系,形成智能驱动型的价值生态共生组织管理保障体系,构建基于"合伙人"假设的组织文化,有效支撑生态级能力打造。建议重点见表 12。

表 12　CL5(生态级)能力所对应能力单元/能力模块管理维建设重点

管理维	具体事项	通用要求
数字化治理	数字化治理制度	与生态合作伙伴共建生态级数字化治理体系,形成智能驱动型生态圈协调治理机制
	数字化领导力	由各生态合作伙伴一把手形成协同领导机制,推动共建、共创、共享产业合作生态圈
		主管领导对数字化转型生态圈发展具有前瞻性的判断力,能够主导构建智能驱动的生态圈,或成为生态圈共建的主要贡献者

续表

管理维	具体事项	通用要求
数字化治理	数字化领导力	建立最高管理者、管理者代表及相关人员生态化的职责、协调与沟通机制，形成长期性制度安排，与生态合作伙伴之间建立决策层领导按需协调机制，各级领导作用的发挥可基于智能驱动实现认知协同和自学习优化
		组织（企业）及生态合作伙伴的决策层领导能够深刻理解智能驱动型两化融合管理体系，以及以生态级能力为主线的数字化转型机理和方法，共同推动面向数字化转型的生态圈构建
	数字化人才	制定并实施生态圈数字化人才队伍建设规划，形成以价值贡献为导向的数字化人才选拔、任用、考核、薪酬和晋升激励制度，与生态合作伙伴共建数字化人才共享和流动管理机制
	数字化资金	围绕生态级能力打造，与生态合作伙伴协同设置价值生态共建相关专项预算，确保资金投入适宜、及时、持续和有效
	安全可控	开展安全可控数字化转型解决方案（包括软件、设备设施等）平台化部署和应用推广，支持全产业链/生态圈合作伙伴共同实现安全可控
		构建覆盖生态合作伙伴的平台级安全防护措施和制度体系，业务风险防控与信息安全防护实现智能融合，能够对生态圈信息安全进行态势感知、攻防对抗和认知决策
组织机制	组织结构设置机制	采用智能驱动型的生态化组织结构

第十三章 新型能力的分级建设

续表

管理维	具体事项	通用要求
组织机制	职能职责调整机制	共同确立覆盖生态合作伙伴的生态圈架构,并设置各相关主体共建生态圈的职能职责按需调整及认知协调机制
管理方式	管理方式创新	主要采用智能驱动的价值生态共生管理方式,能够实现生态合作伙伴之间的自组织管理
		实现基于员工画像的员工生态化管理
	员工工作模式变革	能够基于人机协同、智能认知的生态赋能平台,支持相关人员和团队以价值为导向开展创新创业,实现价值最大化
组织文化	组织文化模式	主要采用基于"合伙人"假设的创业型文化,员工成为合伙人,形成以生态伙伴命运共同体为核心的价值观

DLTTA 系列成果：数字化转型 架构与方法
文档编号：DLTTAM2020001CN

本书著作权属于北京国信数字化转型技术研究院，并授权中关村信息技术和实体经济融合发展联盟（简称中信联）发布和使用，受法律保护。转载、摘编或利用其他方式使用本书内容或者观点的，应注明来源。违反上述声明者，将追究其相关法律责任。

DLTTA 为北京国信数字化转型技术研究院研究品牌——**点亮智库体系架构**（DigitaLization Think Tank Architecture）。DLTTA 系列成果致力于为企业、服务机构、科研院所、社会团体、政府主管部门等相关方推进数字化转型提供一套涵盖理论体系、方法工具、解决方案和实践案例等的方法论。

与本书内容相关的任何评论可通过电子邮件发送至：dltta@dlttx.com。

中关村信息技术和实体经济
融合发展联盟微信公众号

北京国信数字化转型技术
研究院服务号